围棋入门 3

金老师教你巧学围棋

●● 金茜倩 主编

化学工业出版社
·北京·

"金老师教你巧学围棋"系列的作者金茜倩为北京棋院教练,原国家围棋队队员,职业围棋五段,是中国首档围棋电视教学节目主讲人。自国家队退役后,她在带领专业队之余也一直做围棋推广和普及工作。"金老师教你巧学围棋"系列中《围棋入门1》《围棋入门2》《围棋入门3》对初学者的认知水平把控、学习规律摸索等方面,都有着独到的见解;对于围棋知识的传授也有着与众不同的解析角度。

为了让初学者能迅速对围棋产生兴趣,避免繁杂文字带来阅读的困惑,书中在文字表述部分尽量简洁明了,配上图形示例,通过边学、边练的方式将学习要点贯穿于自学、自练、自查的教学形式中。每个讲解要点之后,大都附有20道练习题,在图书编排上也独具匠心,正面是题,背面是答案,便于自我测评和查阅。

"金老师教你巧学围棋"系列是金茜倩五段特意奉献给零基础爱好者的书,特别希望通过循序渐进的讲授方式让身边即便没有老师的自学者也能学会围棋。

图书在版编目(CIP)数据

围棋入门.3 / 金茜倩主编. — 北京:化学工业出版社,2018.4
 (金老师教你巧学围棋)
 ISBN 978-7-122-31732-2

Ⅰ. ①围… Ⅱ. ①金… Ⅲ. ①围棋-基本知识
Ⅳ. ①G891.3

中国版本图书馆CIP数据核字(2018)第049780号

责任编辑:宋　薇　　　　　　　　　　装帧设计:张　辉
责任校对:边　涛

出版发行:化学工业出版社(北京市东城区青年湖南街13号 邮政编码100011)
印　　装:大厂聚鑫印刷有限责任公司
880mm×1230mm　1/24　印张7¾　字数263千字　2018年7月北京第1版第1次印刷

购书咨询:010-64518888(传真:010-64519686)　售后服务:010-64518899
网　　址:http://www.cip.com.cn
凡购买本书,如有缺损质量问题,本社销售中心负责调换。

定　　价:38.00元　　　　　　　　　　　　　　　　　版权所有　违者必究

目 录

一、守角和挂角 / 001

二、拆 / 006

三、裂形 / 013

四、守方与点方 / 025

五、地与六死八活 / 037

六、数气 / 041

七、延气——粘 / 053

八、延气——断 / 065

九、断和渡 / 077

十、枷与征子 / 091

十一、扑与破眼杀棋 / 103

十二、金鸡独立 / 115

十三、梅花四、梅花五、梅花六 / 127

十四、刀把五 / 141

十五、手筋——滚打包收 / 153

十六、倒脱靴 / 165

十七、常用定式 / 175

在自己占角的位置再加强一手叫"守角"
破坏对方守角叫"挂角"

星与守角

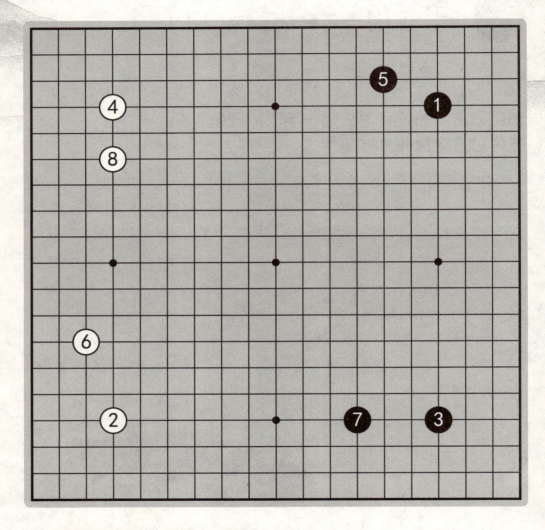

黑❶星占角，黑❺小飞守角。
白②星占角，白⑥大飞守角。
黑❸星占角，黑❼大跳守角。
白④星占角，白⑧跳守角。

小目与守角

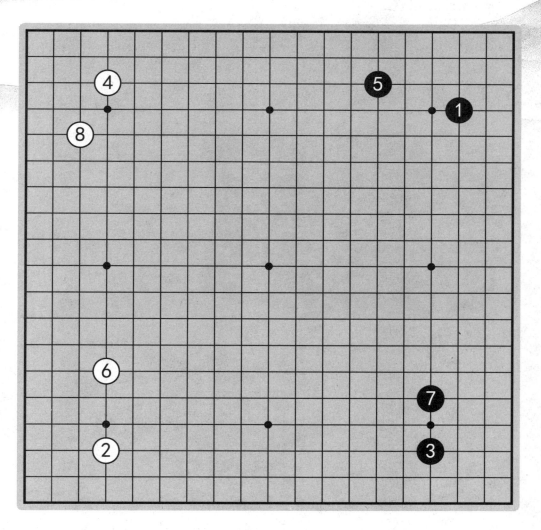

黑❶小目占角,黑❺大飞守角。
白②小目占角,白⑥大跳守角。
黑❸小目占角,黑❼单关守角。
白④小目占角,白⑧小飞守角。

星与挂角

挂角位置在三、四线上
三路线名低挂
四路线名高挂

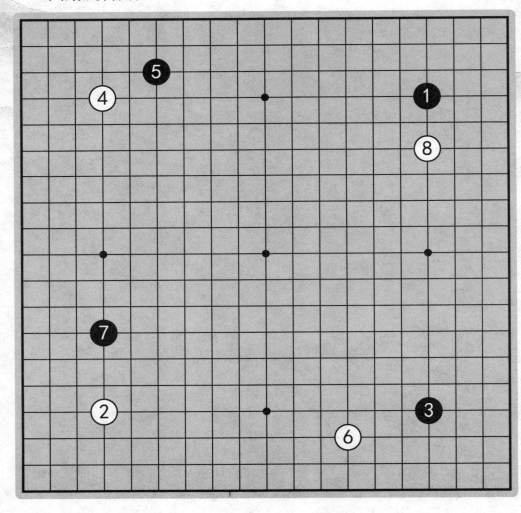

黑❶星占角,白⑧一间高挂。
白②星占角,黑❼二间高挂。
黑❸星占角,白⑥大飞挂角。
白④星占角,黑❺小飞挂角。

小目与挂角

挂角位置在三、四线上
三路线名低挂
四路线名高挂

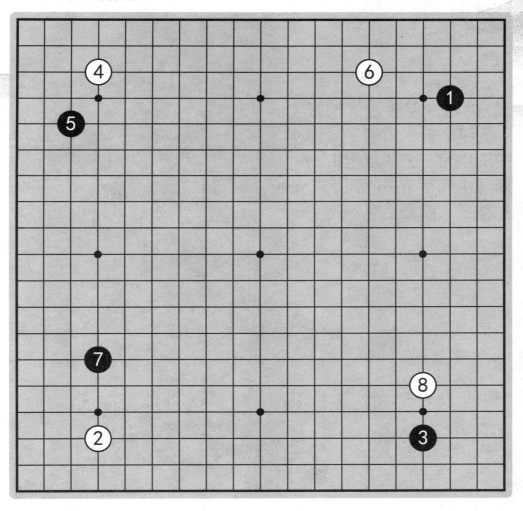

黑❶小目占角，白⑥大飞挂角。
白②小目占角，黑❼二间高挂。
黑❸小目占角，白⑧一间高挂。
白④小目占角，黑❺小飞低挂。

二 拆

己方的子往边上延伸扩张
中间不能有对方的子
间隔中间一个子就叫拆一
间隔中间两个子就叫拆二……
都在三、四线上

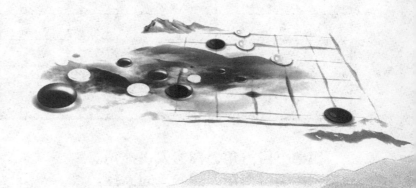

黑棋❶❸❺，三手棋构图名低中国流，因为是三路线。
如果黑❺下在 A 处则称高中国流，因为是四路线。
白棋②④⑥三手棋构图名三连星。
黑❺和白⑥都是拆。

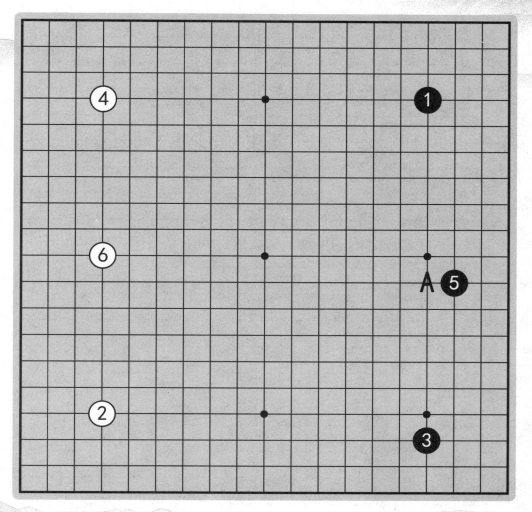

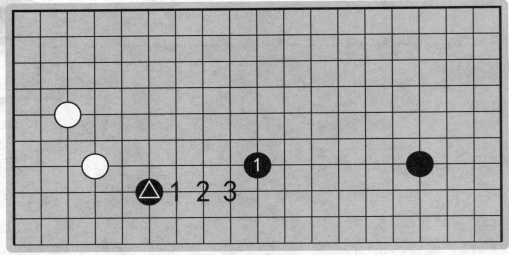

图一：黑❶和之前的黑△子构成拆，间隔是三格，名字高拆三。

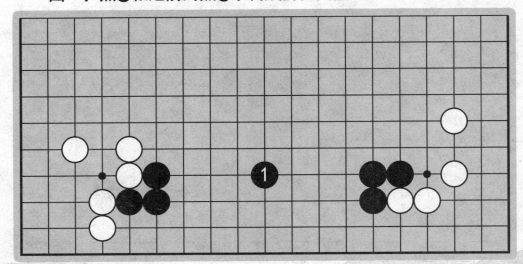

图二：黑❶高拆三，和两边的黑子都是拆三的间隔。

拆

题 1
请黑棋高拆三。

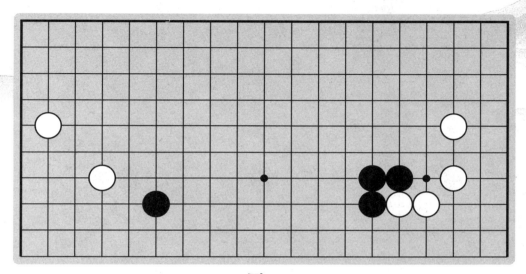

图一

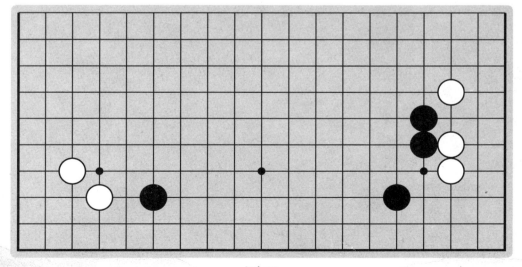

图二

拆

答案1

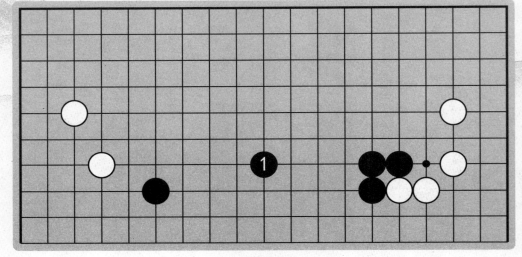

图一

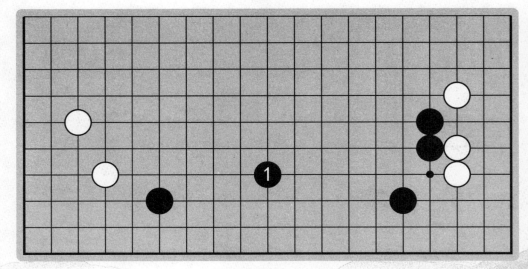

图二

拆

题 2
请图一用高拆三，图二用高拆二。

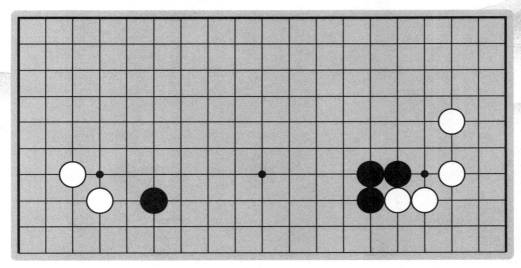

图一

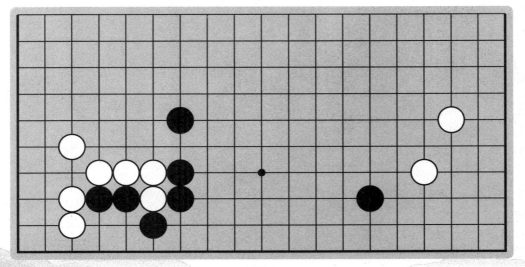

图二

拆

答案2

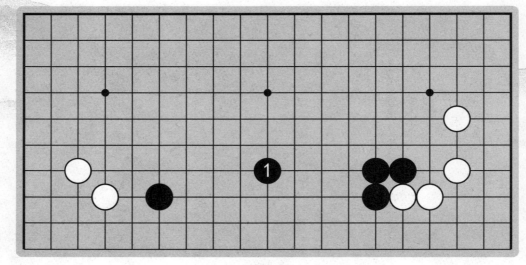

图一

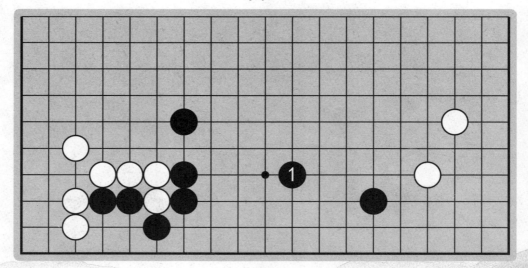

图二

相邻的棋子被对方的子从中间分开
但是比一般的断严厉得多
是崩溃的形状
非常不好
要避免

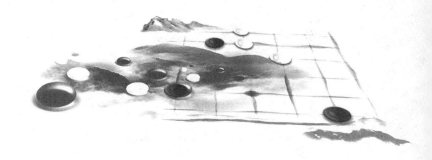

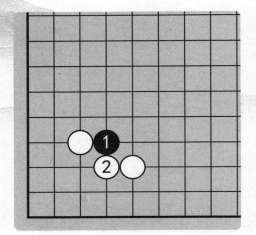

图一：黑❶，白一定要在②位挡住。

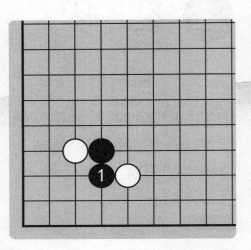

图二：如果被黑棋❶从中分开，是撕裂的棋型。

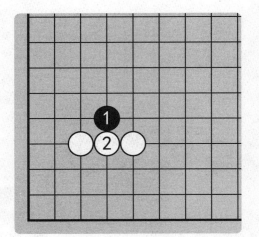

图三：黑❶时，白②需要粘住。

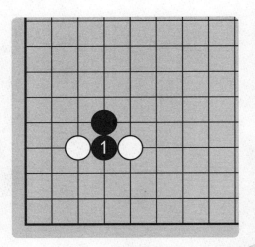

图四：如被黑❶冲，白棋在此局部，两边难以兼顾。

裂形

题 1
请黑棋下在白棋的裂形上。

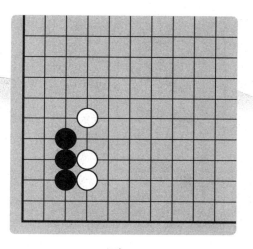

图一

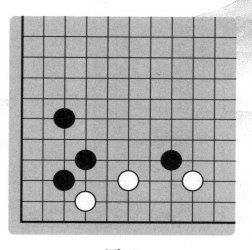

图二

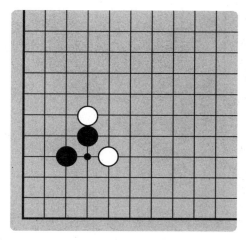

图三

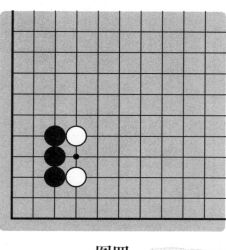

图四

裂形

答案 1

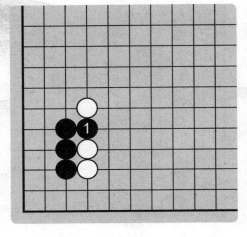

图一

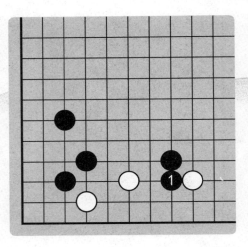

图二

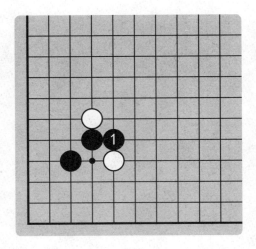

图三

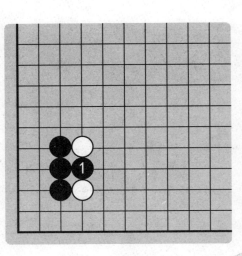

图四

裂形

题 2
请黑棋避免成裂形。

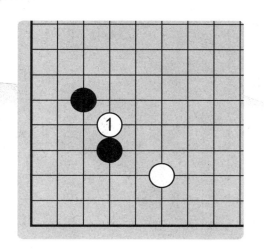

图一

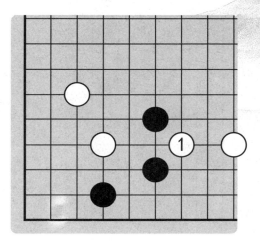

图二

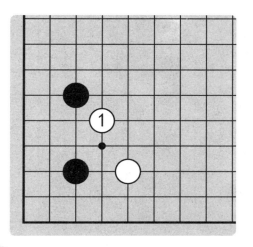

图三

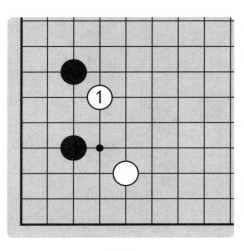

图四

裂形

答案 2

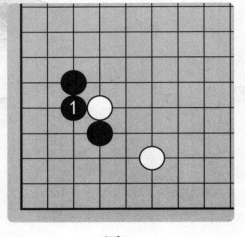

图一

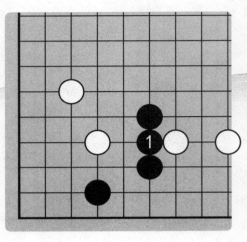

图二

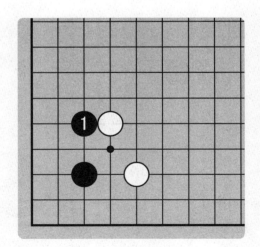

图三

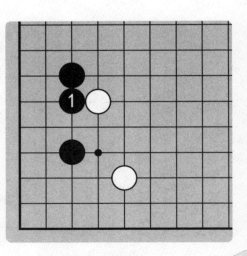

图四

裂形

题 3
请黑棋下在白棋的裂形上。

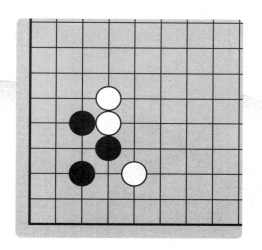

图一

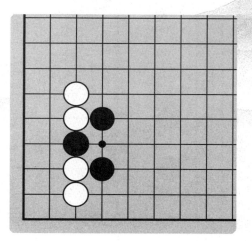

图二

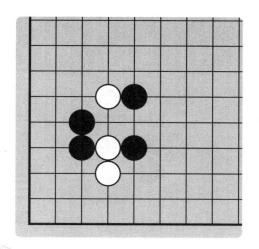

图三

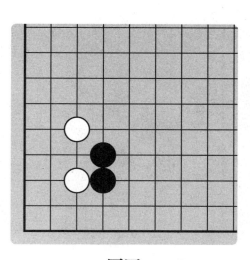

图四

裂形

答案 3

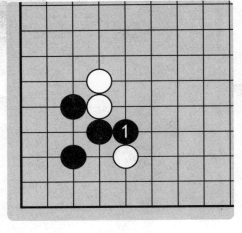

图一

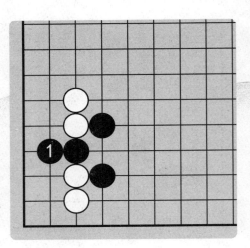

图二

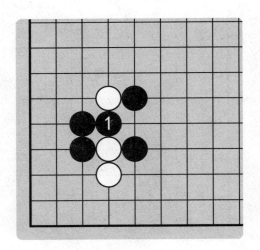

图三

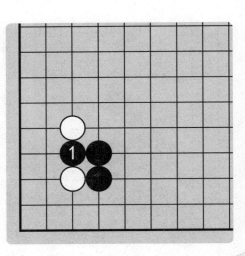

图四

裂形

题 4
请黑棋避免成裂形。

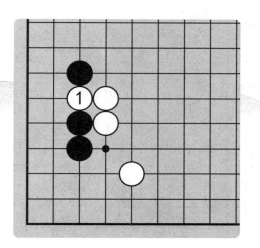

图一

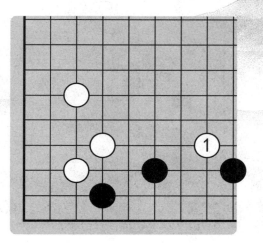

图二

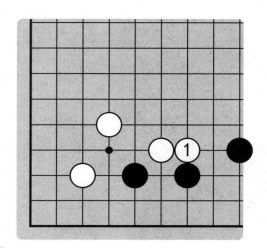

图三

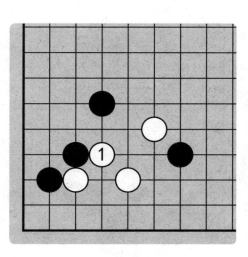

图四

裂形

答案 4

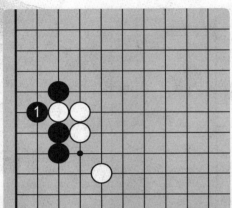

图一

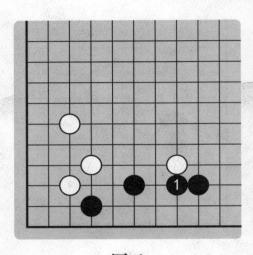

图二

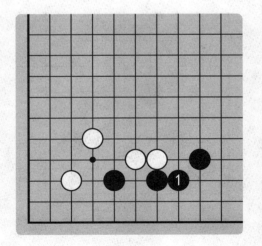

图三

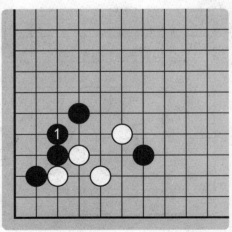

图四

裂形

题 5
请黑棋先下。

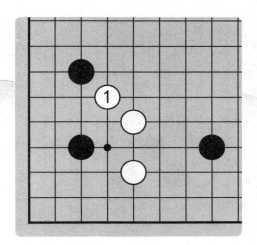

图一

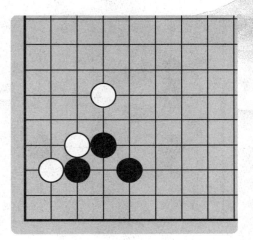

图二

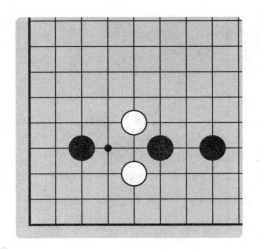

图三

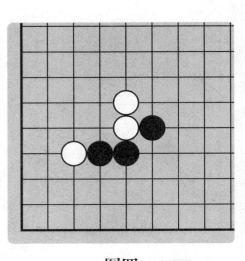

图四

裂形

答案 5

图一

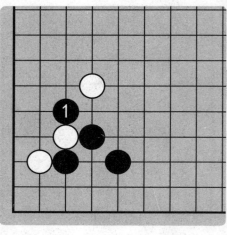
图二

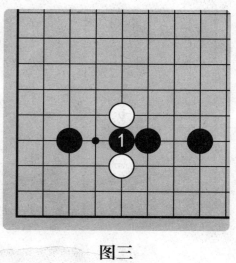
图三

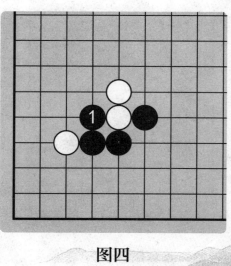
图四

四 守方与点方

方的形状犹如四四方方的块状
守方是使自己的棋形变好
点方是破坏对方的棋形
点方还能瞄着对方的断点

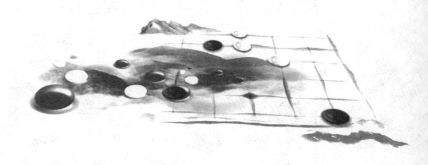

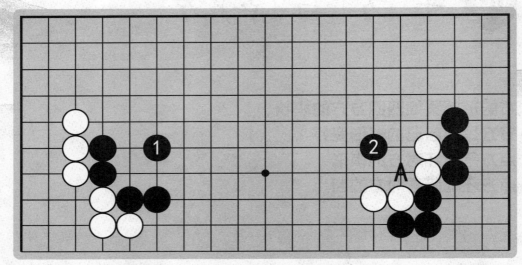

图一：黑❶是守方，黑❷是点方。黑❷之后瞄着白棋在A位的断点。

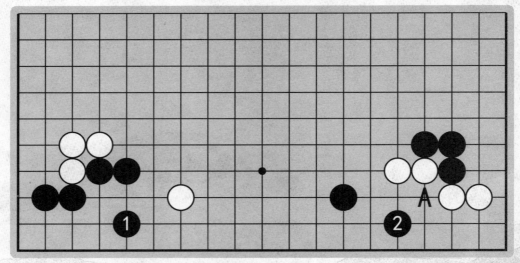

图二：黑❶是守方，黑❷是点方。黑❷之后瞄着白棋在A位的断点。

守方与点方

题 1
请黑子守方或点方。

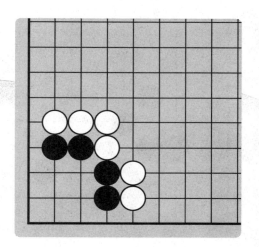

图一

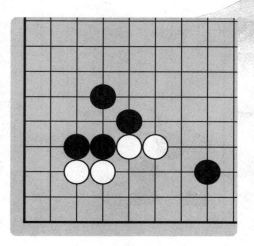

图二

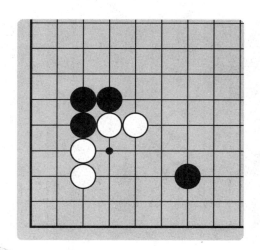

图三

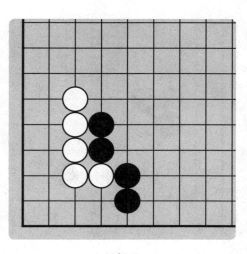

图四

守方与点方
答案 1

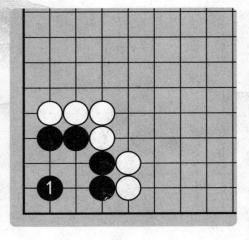

图一

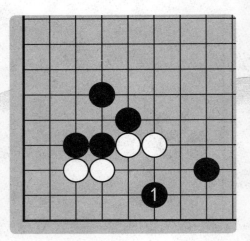

图二

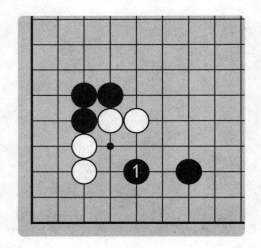

图三

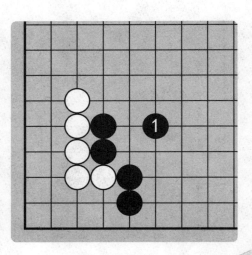

图四

守方与点方

题 2
请黑子守方或点方。

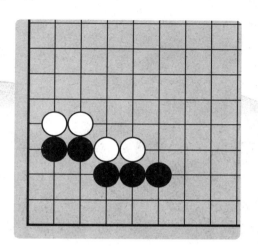

图一

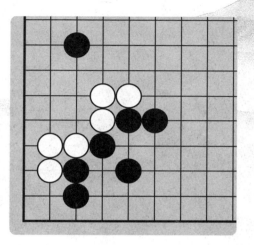

图二

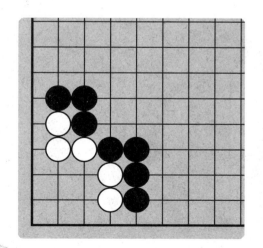

图三

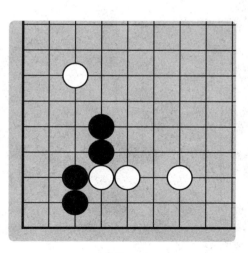

图四

守方与点方
答案2

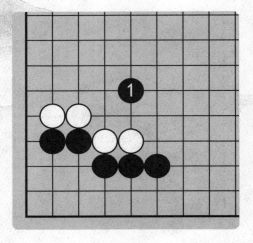

图一

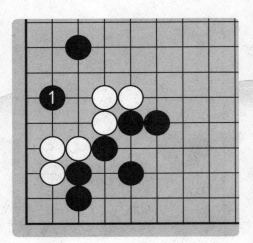

图二

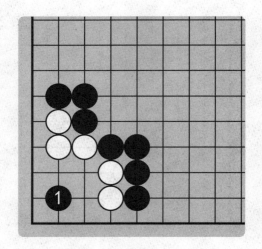

图三

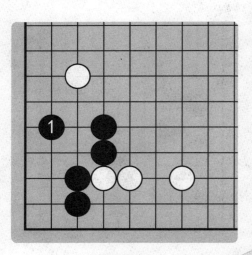

图四

守方与点方

题 3
请黑子守方或点方。

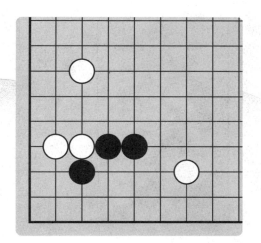

图一

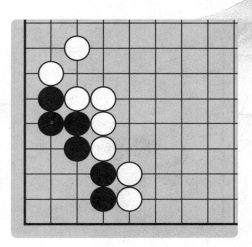

图二

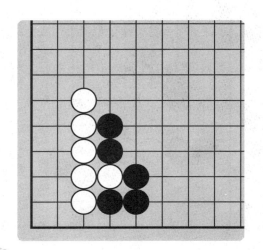

图三

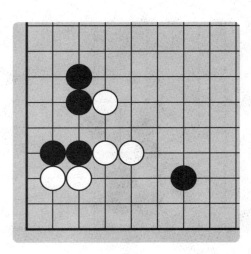

图四

守方与点方

答案 3

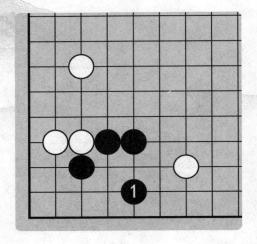

图一

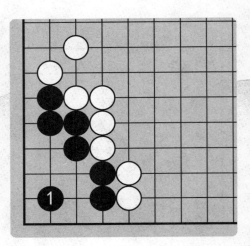

图二

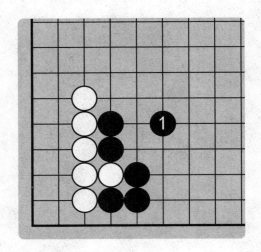

图三

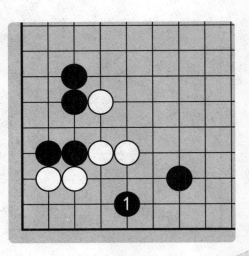

图四

守方与点方

题 4
请黑子守方或点方。

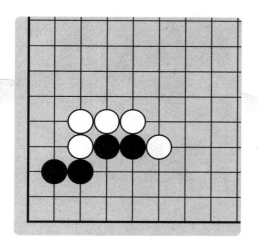

图一

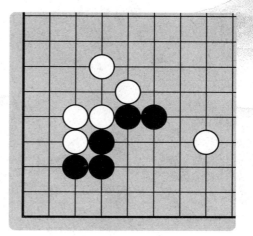

图二

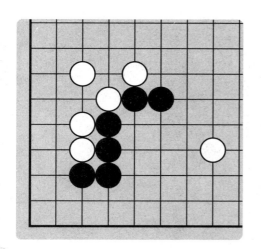

图三

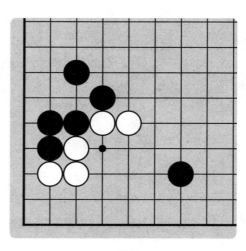

图四

守方与点方

答案 4

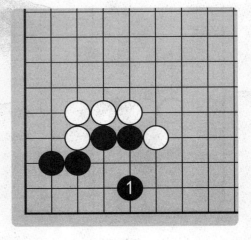

图一

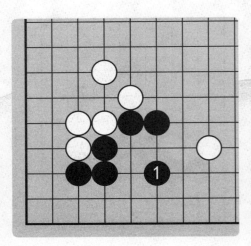

图二

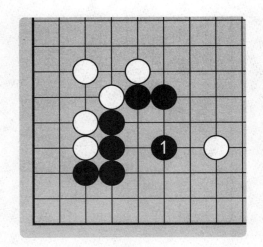

图三

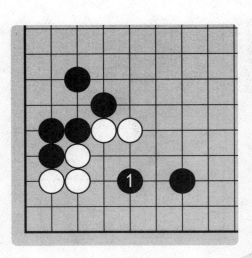

图四

守方与点方

题 5
请黑子守方或点方。

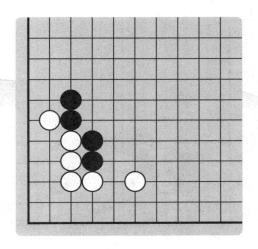

图一

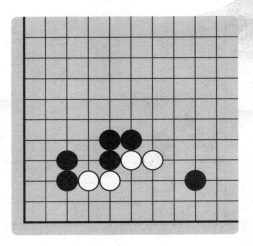

图二

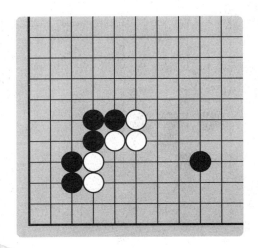

图三

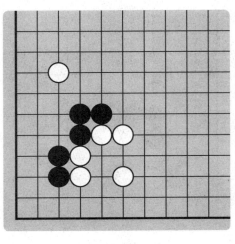

图四

守方与点方

答案 5

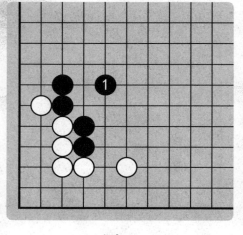

图一

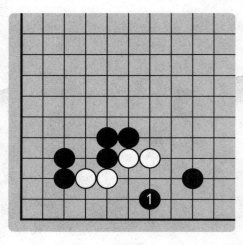

图二

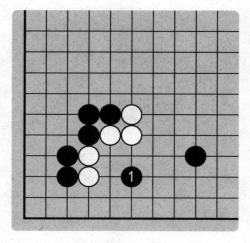

图三

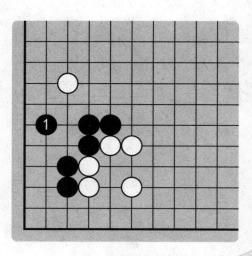

图四

五 地与六死八活

地是指己方围住的地盘
六死八活是指在二路线上
直线紧挨的六个子已经是死形
而八个子已经是活棋的死活常见型
通过对比六死八活理解地的概念

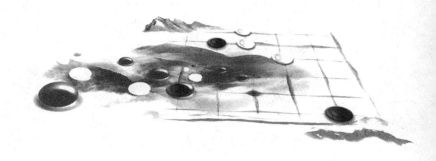

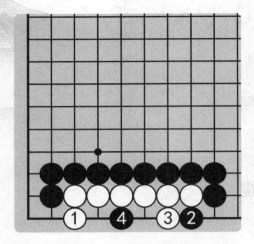

图一：二路线 6 颗白子已经死了，白棋即使先下，至黑❹是死棋。

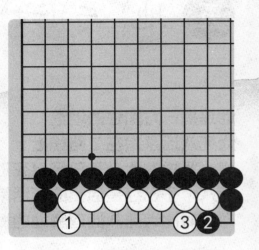

图二：二路线白棋 7 颗子是活是死就看谁先下。白先，眼位是直四，活了。

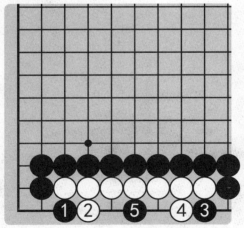

图三：二路线白棋 7 颗子，黑先，可以杀白。

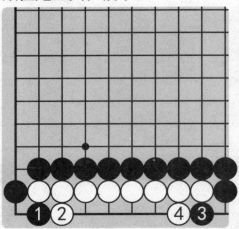

图四：二路线白棋 8 颗子即使黑棋先下白棋也是活棋。

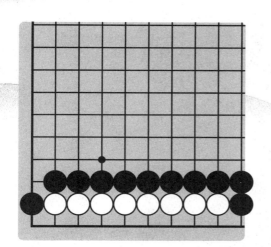

图一：边上二路线需要 8 颗子连接才能活棋。

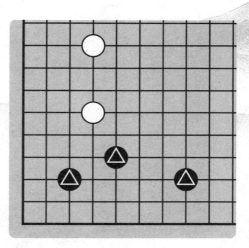

图二：因此，在一方一步棋之下，黑▲子三手棋的构图已不容对手侵入。

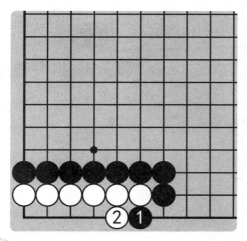

图三：由于角部是最容易活棋的地方，所以需要 6 颗子连接就能活棋。

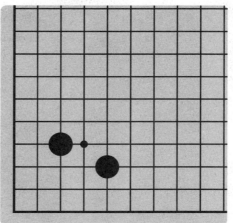

图四：黑▲2 颗子名为无忧角，意思是无需担心对方侵入。因为，在一方一步之下，要做活已是不可能完成的任务。

六 数 气

双方对杀比气时
首先要数清楚双方各自的气
多数时候气
是看得清楚的
但是有时也有隐蔽的气

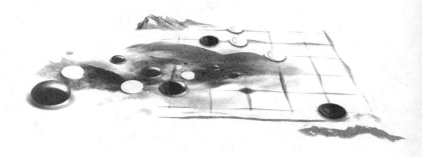

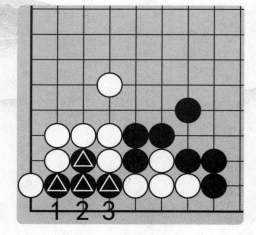

图一：黑▲子3口气，可以数得很清楚。

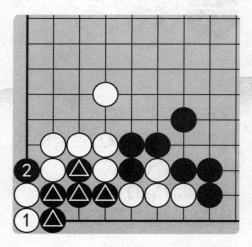

图二：白①紧气不行，被黑❷吃掉。这里就是隐蔽的气。

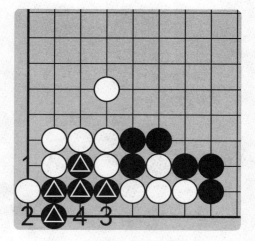

图三：因为黑不可以直接紧气，因此黑▲子是4口气。

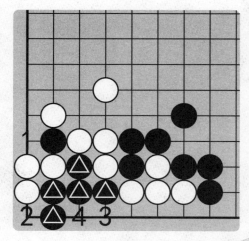

图四：因为黑不可以直接紧气，因此黑▲子是4口气。

数气

题 1
请按紧气的次序数黑△子几口气。

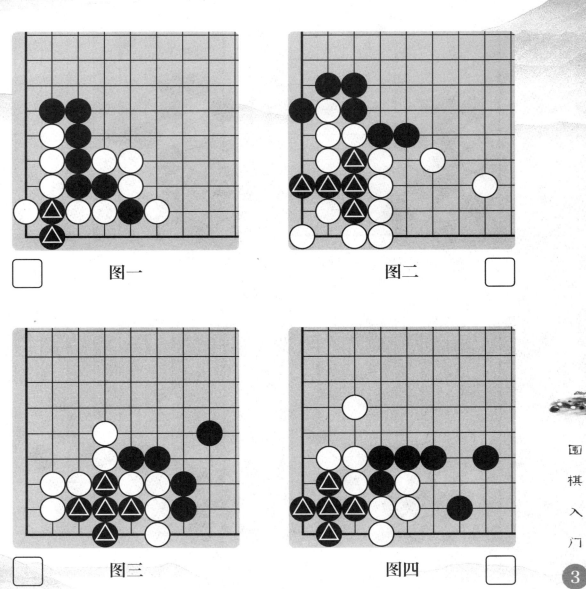

图一　　图二

图三　　图四

数气

答案 1

图一 3

图二 3

图三 3

图四 4

数气

题 2
请按紧气的次序数黑△子几口气。

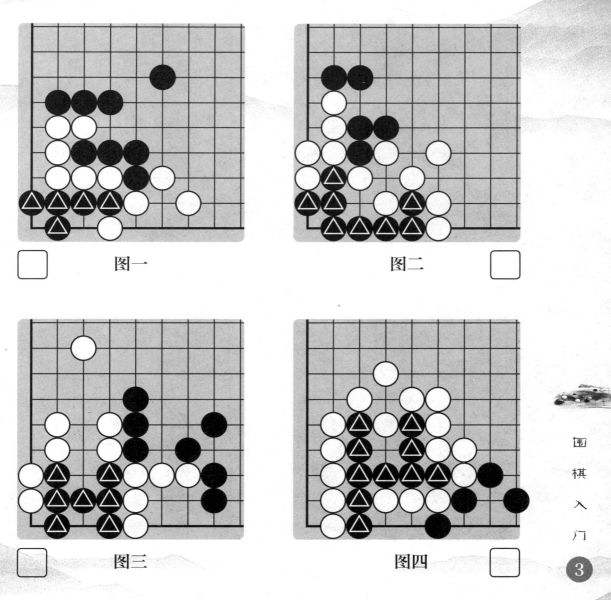

图一　　图二

图三　　图四

数气

答案2

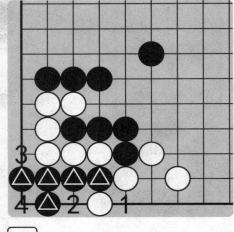

图一 4

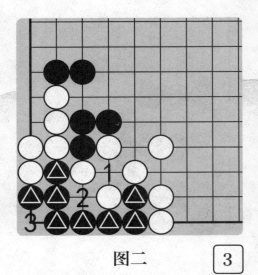

图二 3

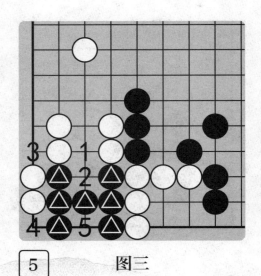

图三 5

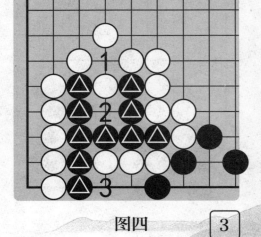

图四 3

数气

题 3
请按紧气的次序数黑△子几口气。

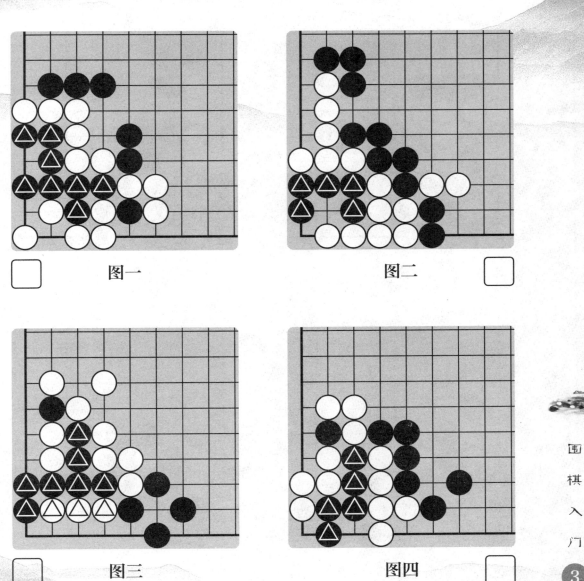

图一　　　图二

图三　　　图四

数气

答案3

图一　4

图二　4

图三　3

图四　3

数气

题4
请按紧气的次序数黑▲子几口气。

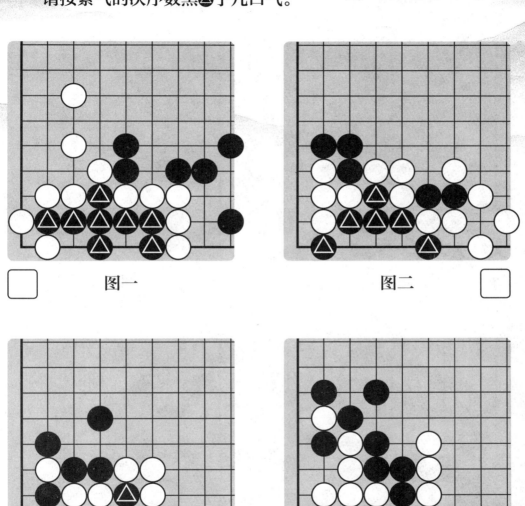

图一　　　　　图二

图三　　　　　图四

数气

答案 4

图一 4

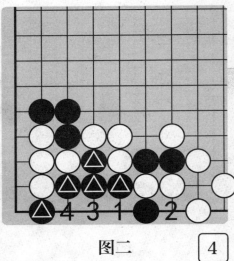

图二 4

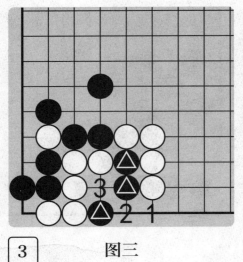

图三 3

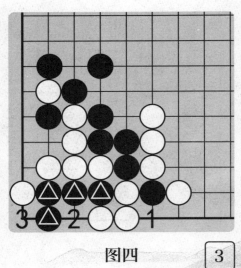

图四 3

数气

题 5
请按紧气的次序数黑△子几口气。

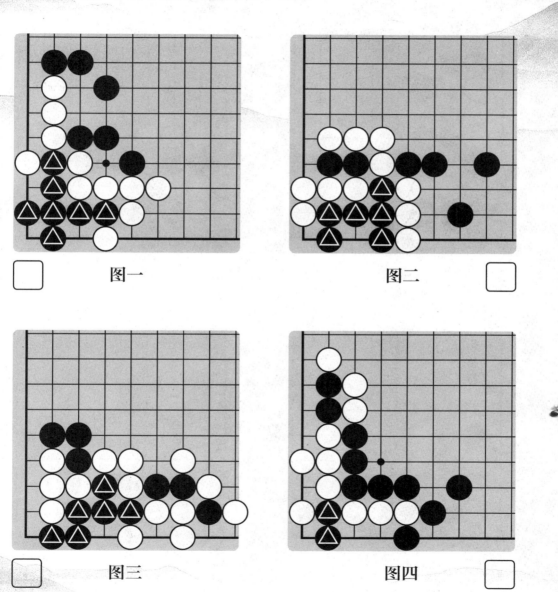

图一　　　　　图二

图三　　　　　图四

数气

答案5

|5| 图一

|3| 图二

|4| 图三

|5| 图四

对杀时气决定生死
将被包围的子连接
最容易延气

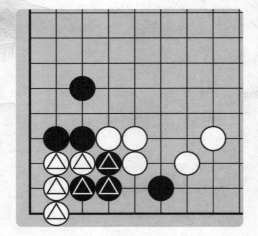

图一：黑△子3口气，白棋△子4口气。直接杀气黑气不够。

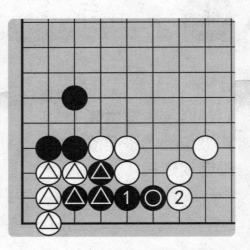

图二：黑❶连接△子和◉子之后，黑5口气，延了2口气。

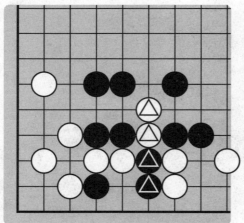

图三：黑△子2口气，白△子3口气。直接杀气黑气不够。

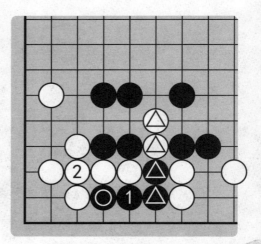

图四：黑❶粘是叫吃，和白②交换之后，黑有3口气，延了一口气。

延气——粘

题 1
黑▲子和◉子连接之后几口气,请写在□里。

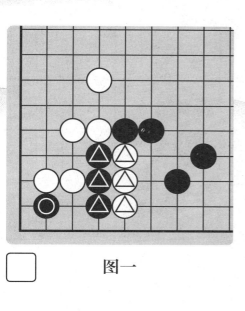

图一

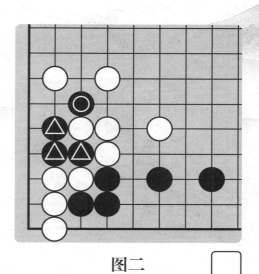

图二

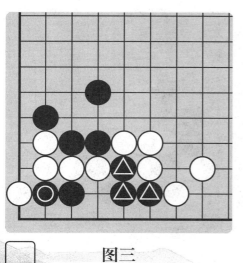

图三

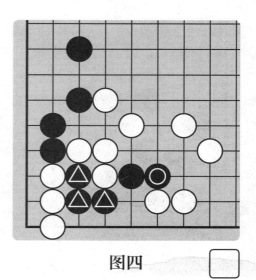

图四

延气——粘
答案1

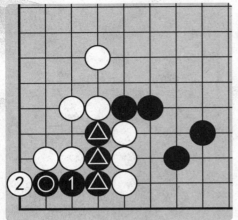

图一

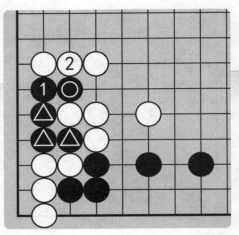

图二

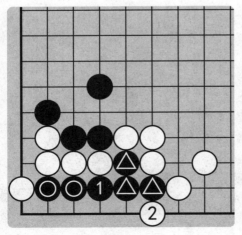

图三

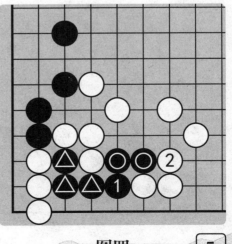

图四

延气——粘

题 2

黑△子和◉子连接之后是几口气请写在□里。

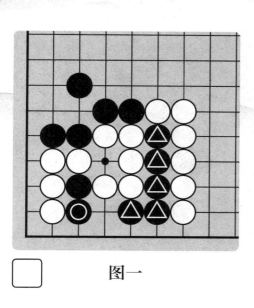

图一

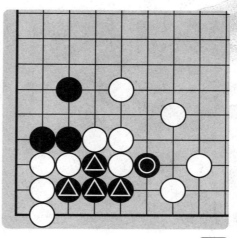

图二

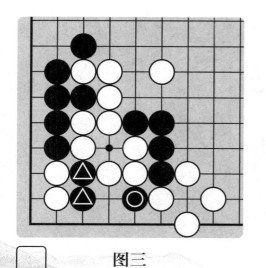

图三

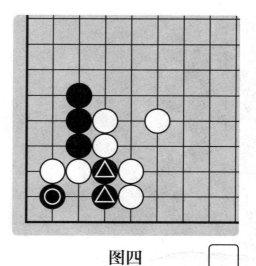

图四

延气——粘
答案 2

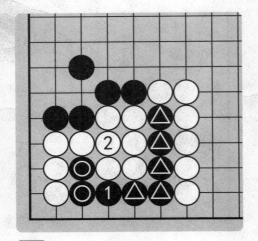

图一

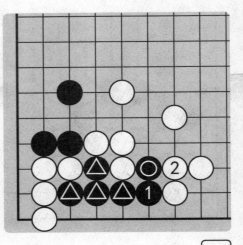

图二

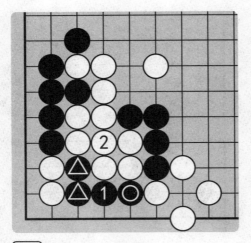

图三

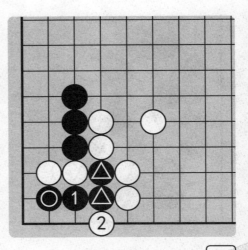

图四

延气——粘

题 3
黑▲子和◉子连接之后是几口气，请写在□里。

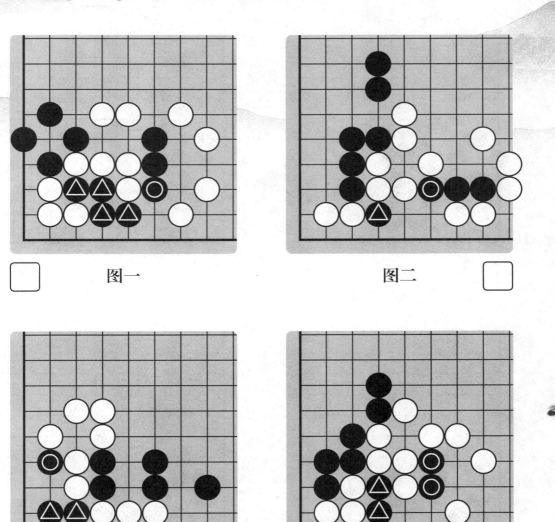

图一　　图二

图三　　图四

延气——粘

答案3

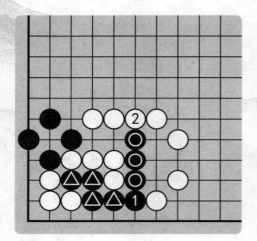

图一

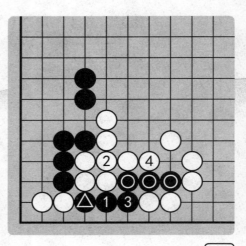

图二

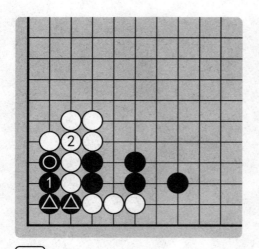

图三

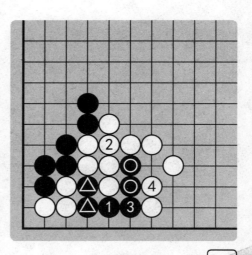

图四

延气——粘

题 4

黑△子和⊙子连接之后是几口气，请写在□里。

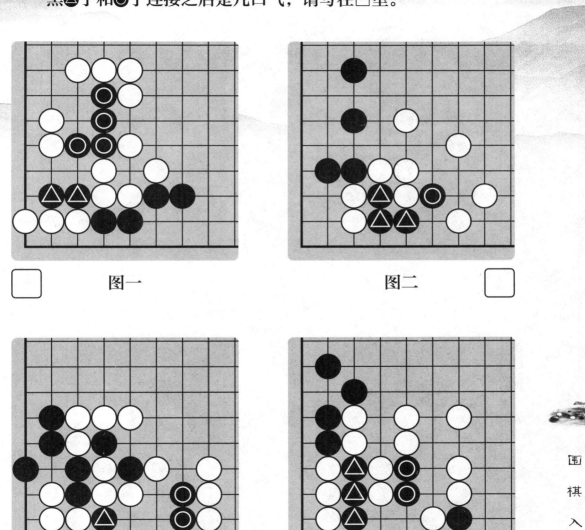

图一　图二　图三　图四

延气——粘

答案4

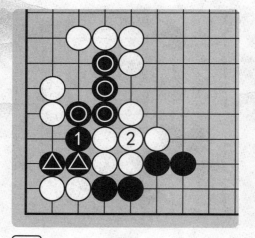

图一

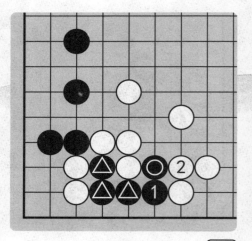

图二

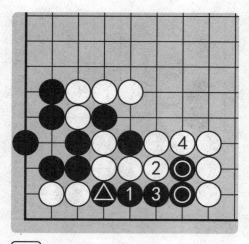

图三

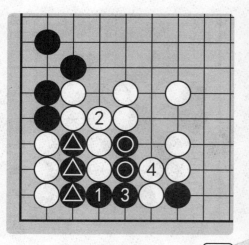

图四

延气——粘

题 5
黑▲子和◉子连接之后是几口气,请写在□里。

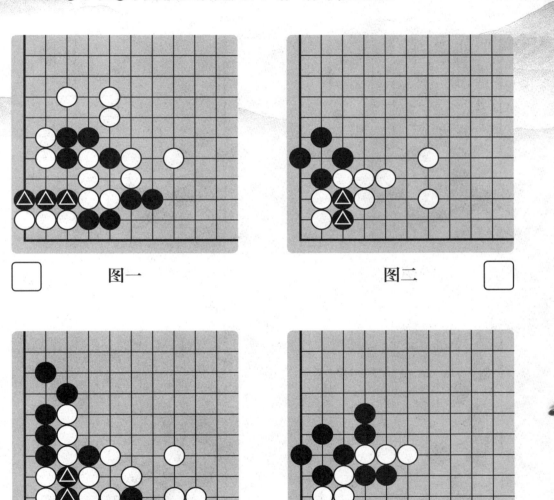

图一　　图二

图三　　图四

延气——粘

答案 5

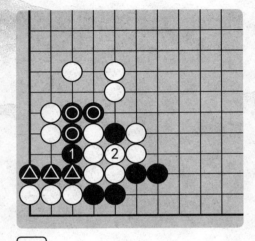

图一

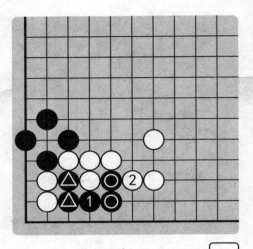

图二

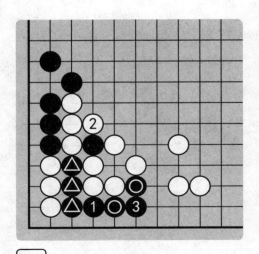

图三

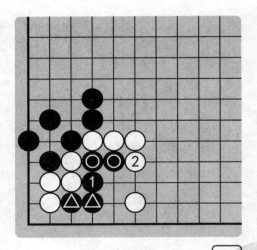

图四

利用对方的断点延气

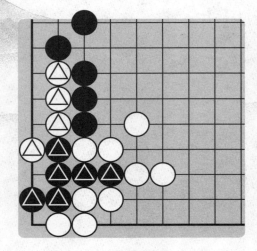

图一：黑▲子2口气，白△子3口气。

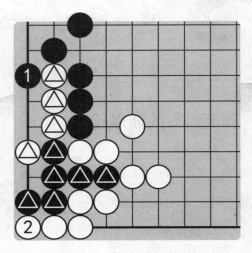

图二：黑直接收气，被白吃。

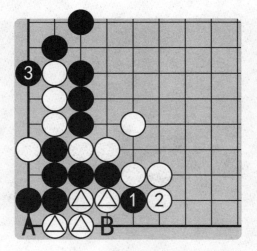

图三：包围黑棋的白外围△子，有断点，黑❶断和白②交换之后，黑❸再收气，白A位已是不入气，下了会被黑B位提掉。

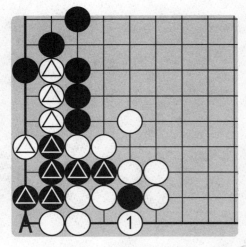

图四：所以白棋在下A位之前需要白子①位提。黑棋图三的断延气成功。

延气——断

题 1
请黑棋用断的方法延气。

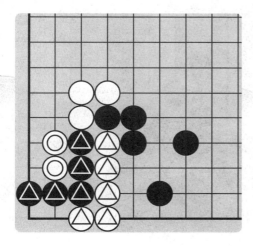

图一

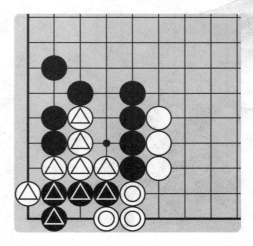

图二

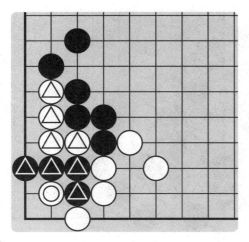

图三

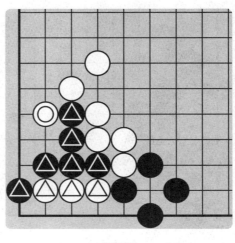

图四

延气——断

答案1

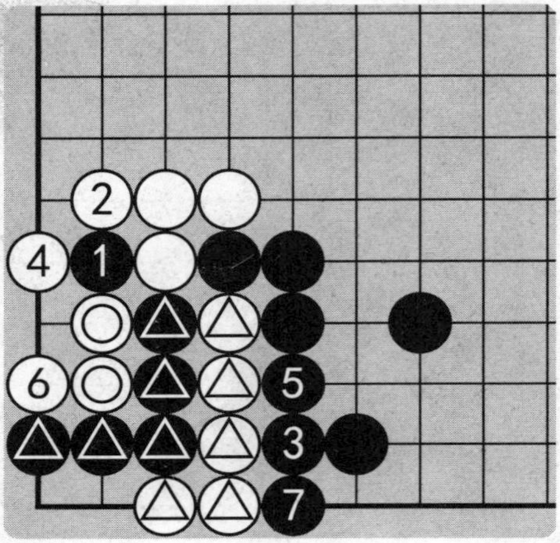

图一

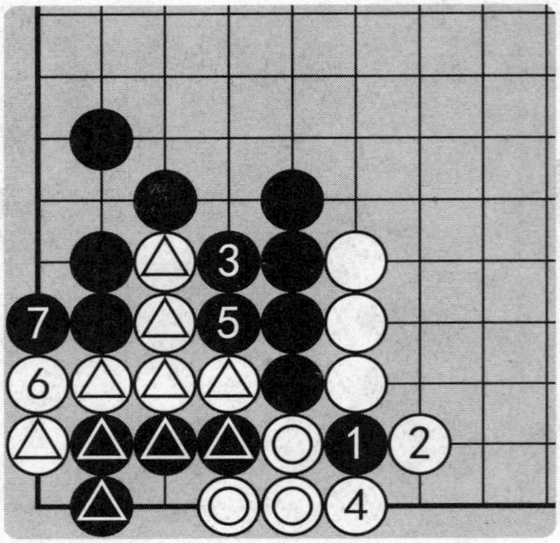

图二

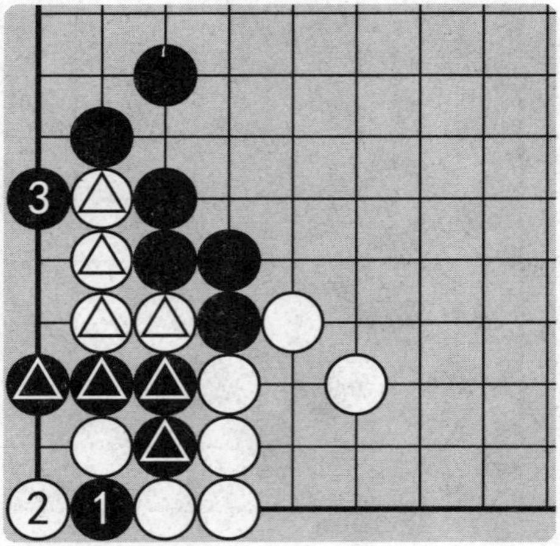

图三

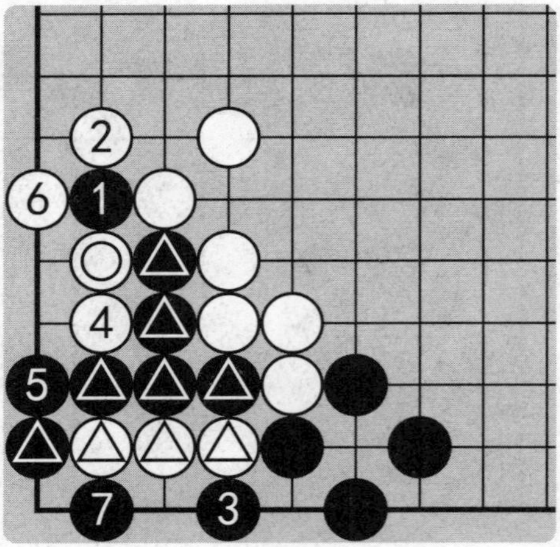

图四

延气——断

题 2
请黑棋用断的方法延气。

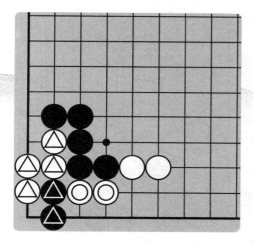

图一

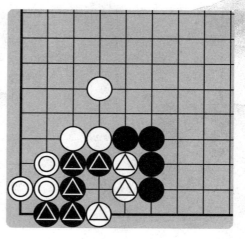

图二

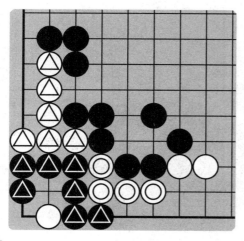

图三

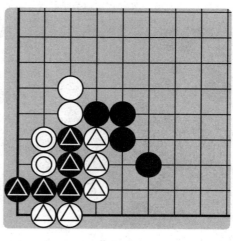

图四

延气——断
答案2

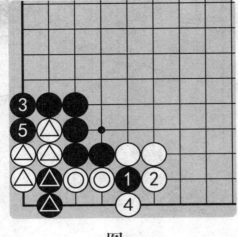

图一

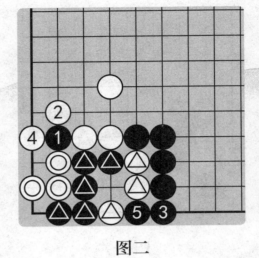

图二

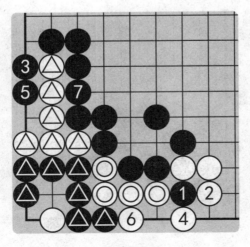

图三

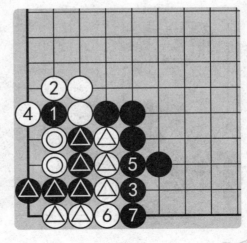

图四

延气——断

题 3
请黑棋用断的方法延气。

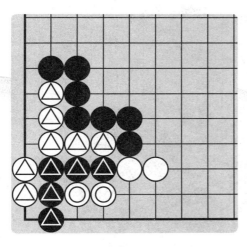

图一

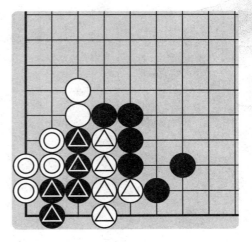

图二

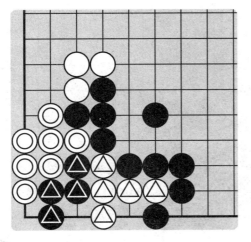

图三

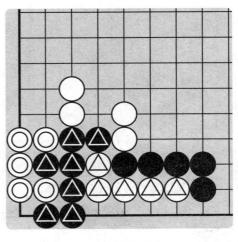

图四

延气——断
答案3

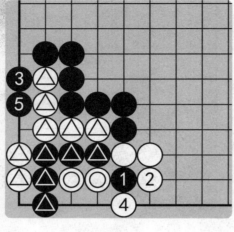

图一

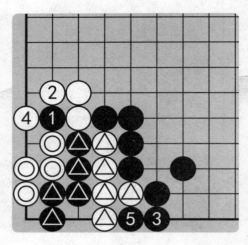

图二

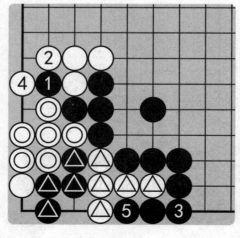

图三

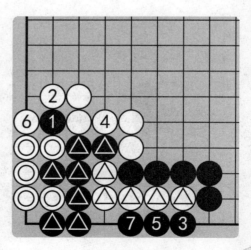

图四

延气——断

题 4
请黑棋用断的方法延气。

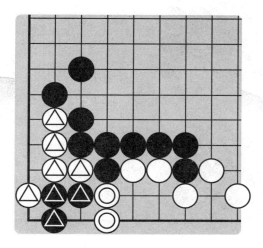

图一

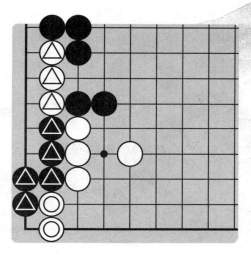

图二

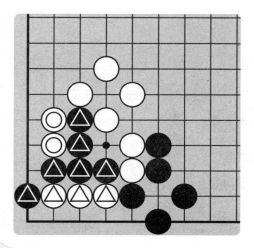

图三

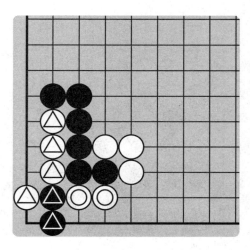

图四

延气——断

答案 4

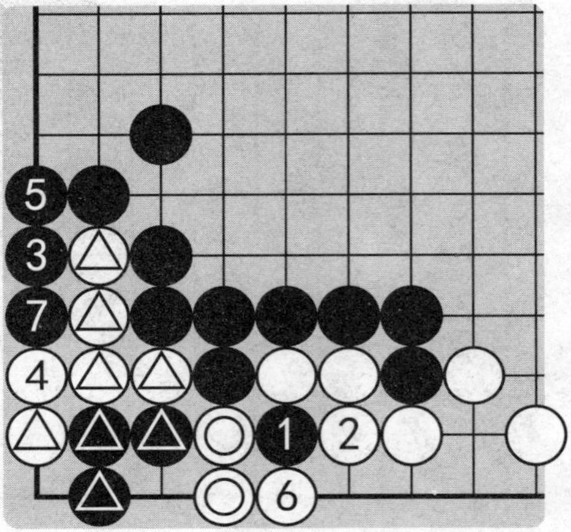

图一

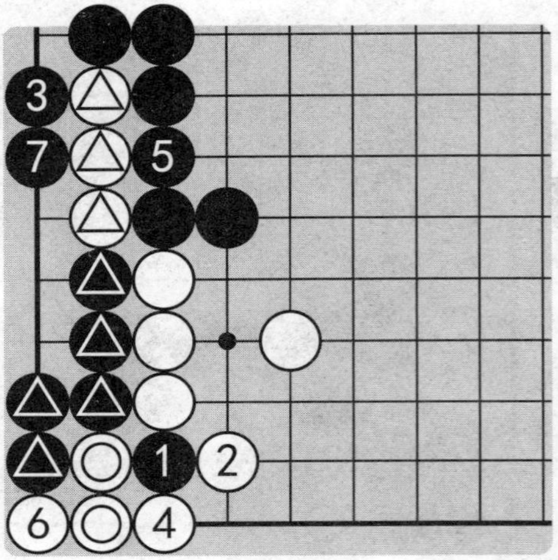

图二

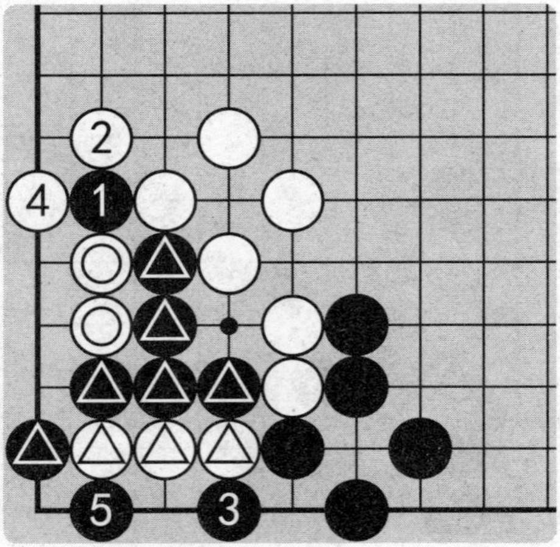

图三

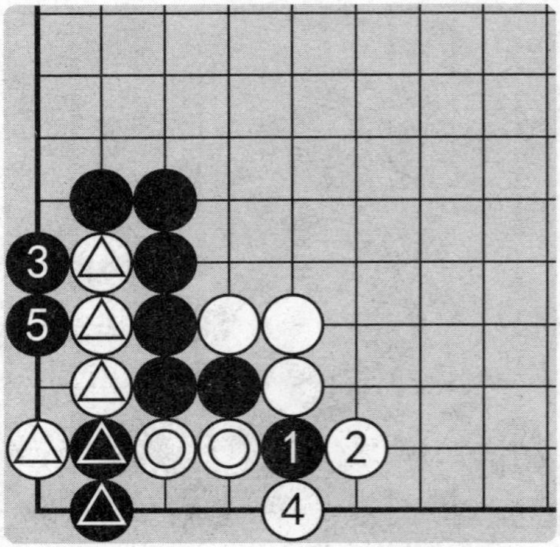

图四

延气——断

题 5
请黑棋用断的方法延气。

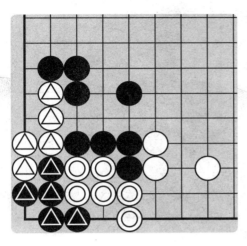
图一

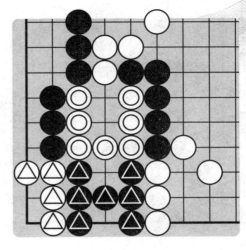
图二

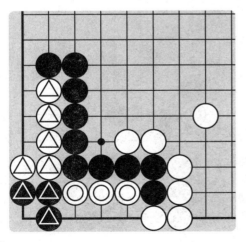
图三

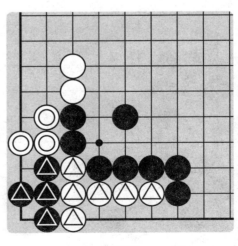
图四

延气——断
答案 5

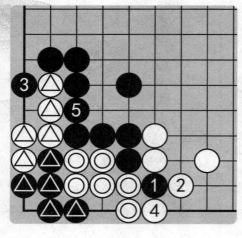

图一

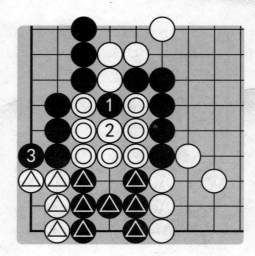

图二

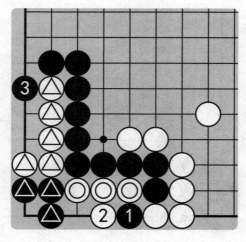

图三

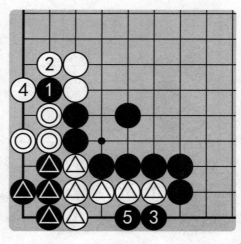

图四

九 断和渡

己方的连接就是对方的断
渡是连接手段
发生在三路线以下

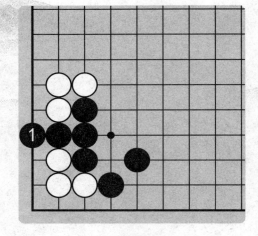

图一：黑❶阻渡。

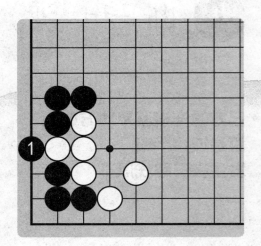

图二：黑❶渡过。

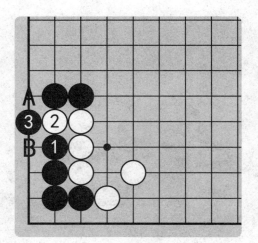

图三：黑❶渡。至黑❸虽然黑棋 A、B 两处都是断点，但是，在一路线都是虎口。

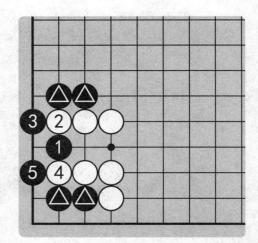

图四：虽然黑棋两处间隔比较大但是黑❶能连接。

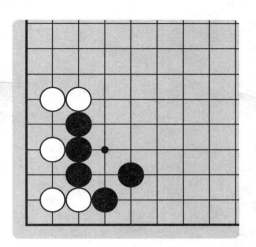

图一：似乎白棋已连接。

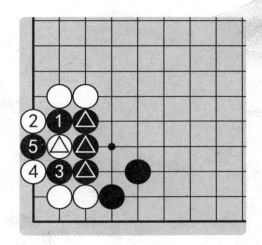

图二：白△子紧贴黑△子，气紧。至黑❺成打劫。

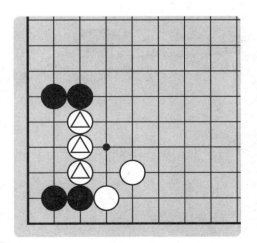

图三：黑棋两处棋在二路线隔着三个交叉点，白棋△子又很坚固。

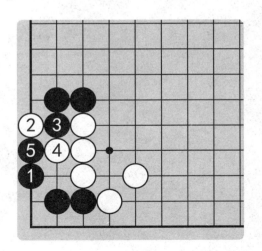

图四：黑棋在一路线用尖加大飞的棋型渡。

断和渡

题 1
请黑棋正确渡过在□里打√,错误打 ×。

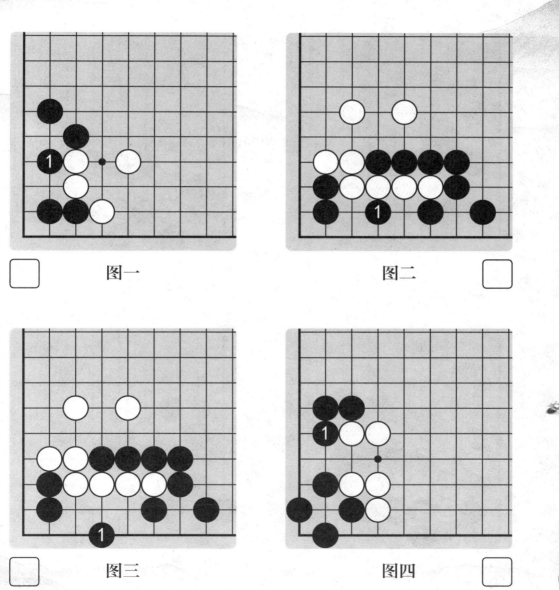

断和渡

答案 1

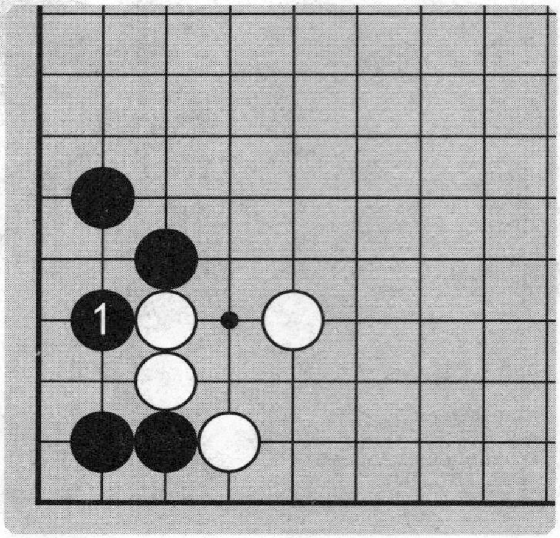

图一 ✓

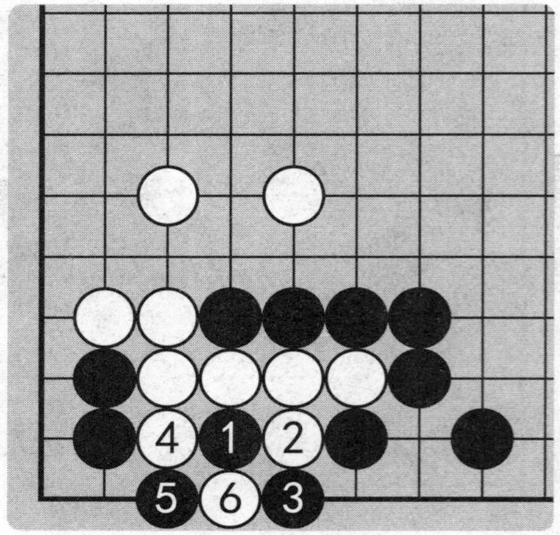

图二 ✗

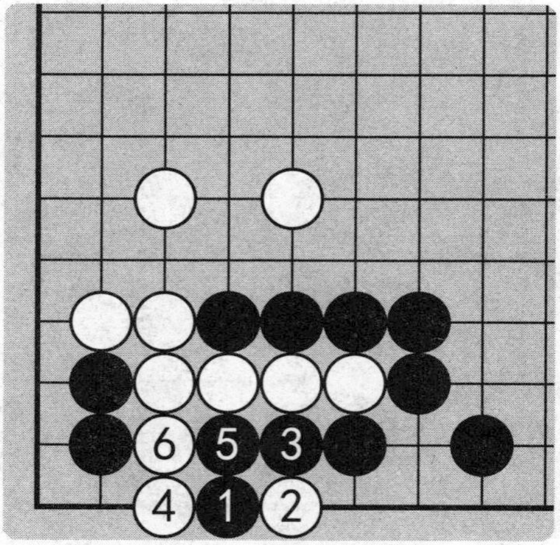

图三 ✗

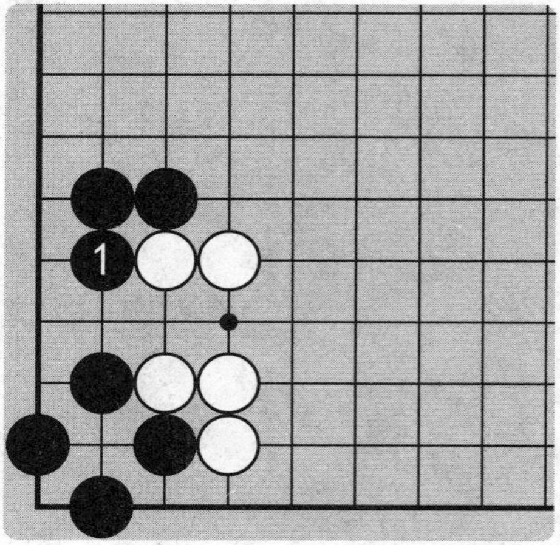

图四 ✓

断和渡

题 2
请黑棋在可以阻渡处的□打√，不能的打 ×。

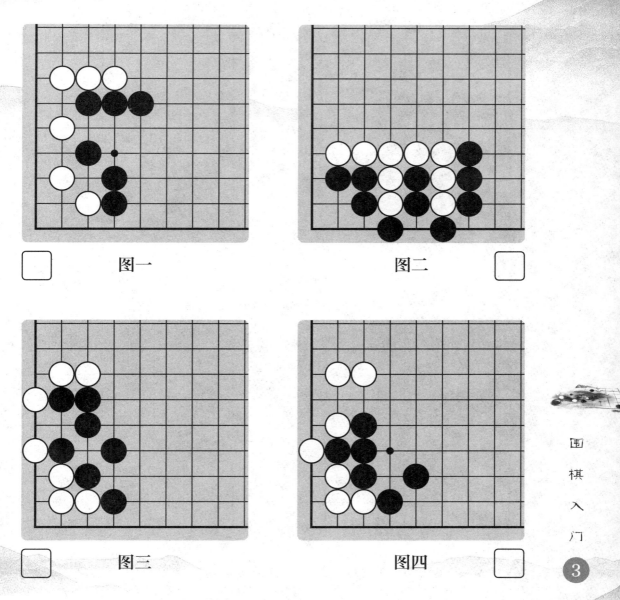

图一　　图二

图三　　图四

断和渡

答案 2

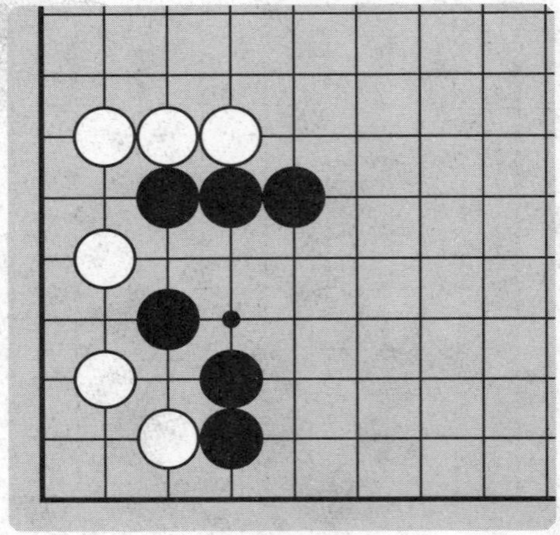

图一 ✗

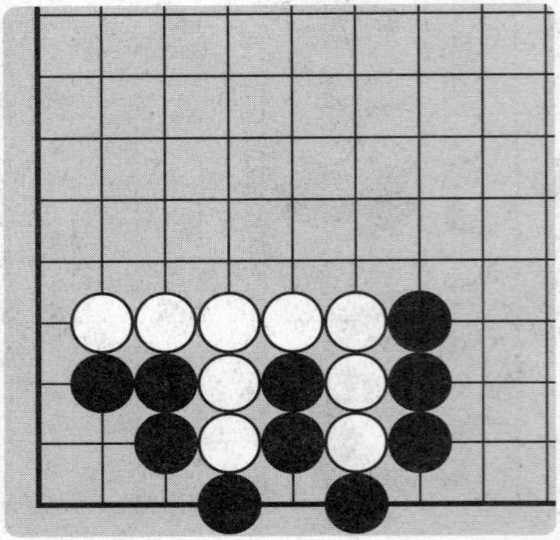

图二 ✗

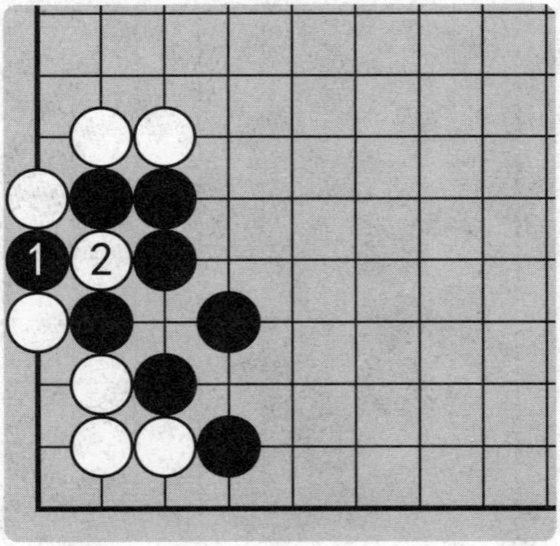

图三 ✓

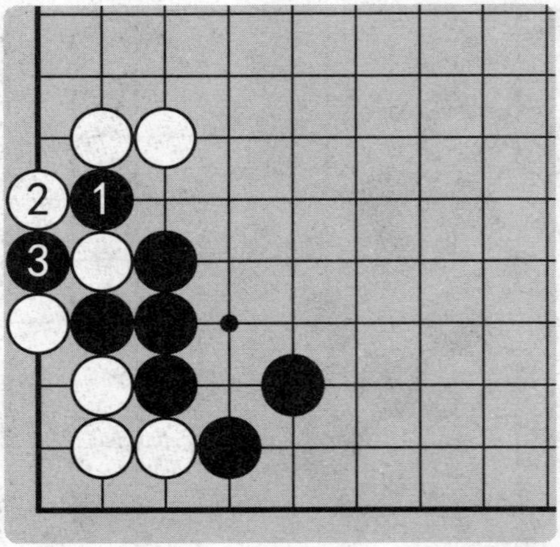

图四 ✓

断和渡

题 3
请黑棋用渡的方法连接。

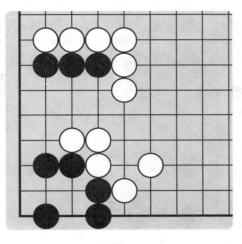

图一

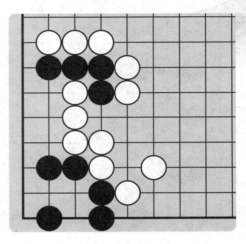

图二

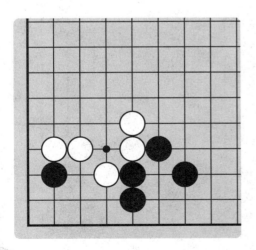

图三

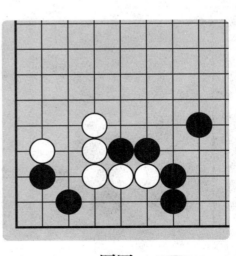

图四

断和渡

答案 3

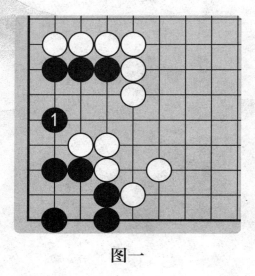

图一　　　　　　　图二

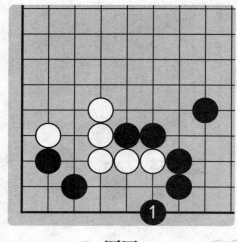

图三　　　　　　　图四

断和渡

题 4
请黑棋渡回。

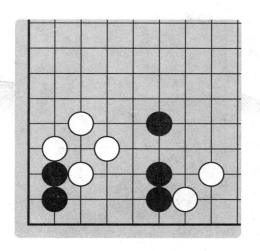

图一

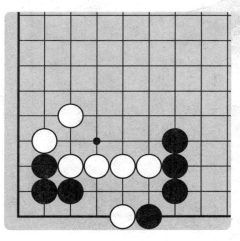

图二

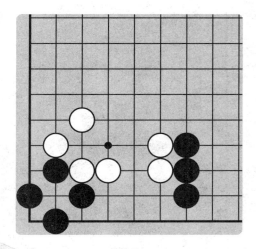

图三

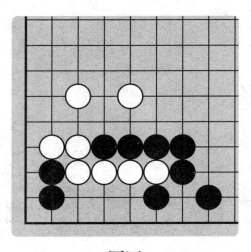

图四

断和渡

答案 4

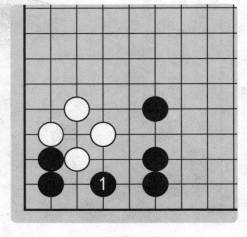

图一

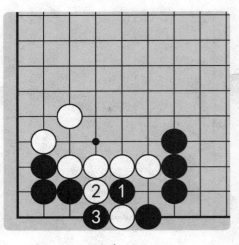

图二

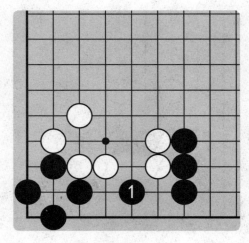

图三

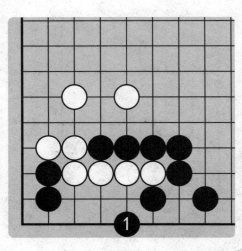

图四

断和渡

题5
请黑棋断或者渡回。

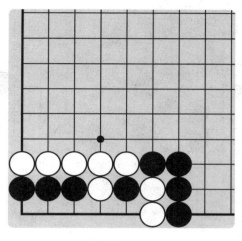

图一

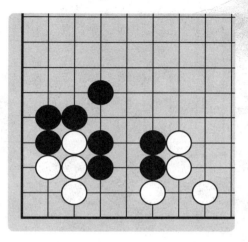

图二

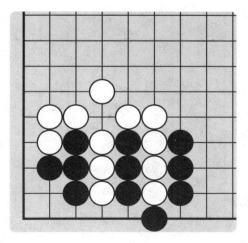

图三

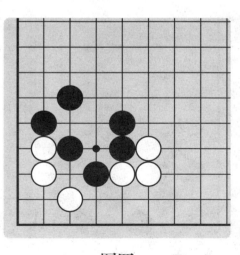

图四

断和渡

答案 5

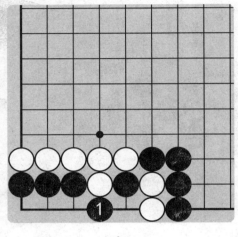

图一

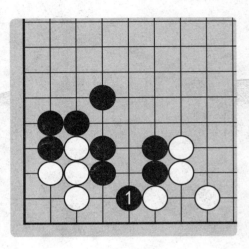

图二

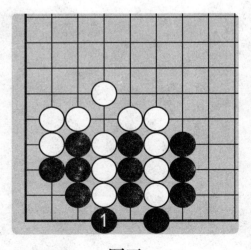

图三

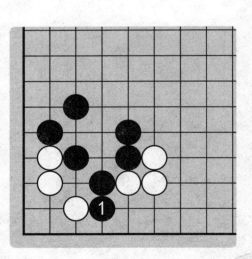

图四

十 枷与征子

在可以枷吃也可以征子吃的时候
应该选择枷吃
枷吃是一个局部的吃法
而征子可能是全局的吃法

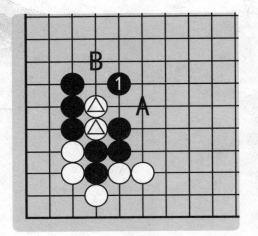

图一：用枷的方法吃白△棋。将来白棋最多是在A、B位有先手利用。

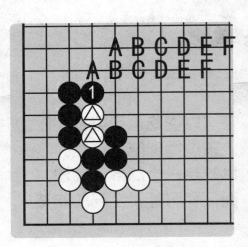

图二：如果选择征子吃，白棋一行有六处（A～F）都是接应先手的点。

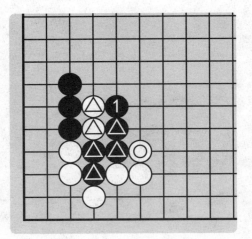

图三：请特别注意：当白◎多了此子，黑△子只有两口气时，一定要从两口气方向征子。

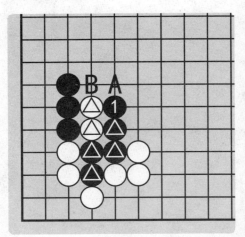

图四：此时黑用A枷吃或者在B位征子，黑都将失手。您能算清楚吗？

枷与征子

题 1
请黑棋选择枷或征子吃。

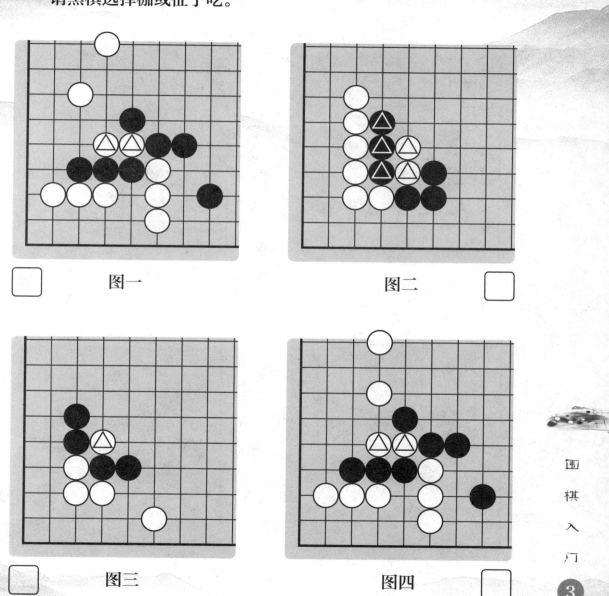

图一　　图二

图三　　图四

枷与征子

答案 1

枷　图一

征子　图二

枷　图三

征子　图四

枷与征子

题 2
请黑棋选择枷或征子吃。

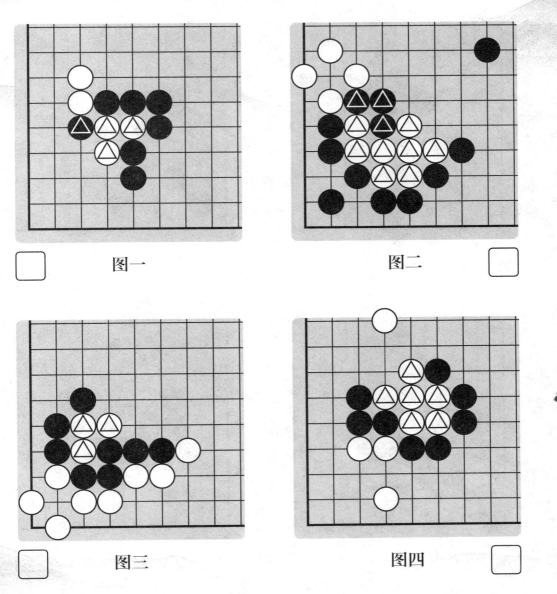

图一　　　图二

图三　　　图四

枷与征子
答案 2

| 征子 | 图一 | | 图二 | 征子 |

| 枷 | 图三 | | 图四 | 征子 |

枷与征子

题3
请黑棋选择枷或征子吃。

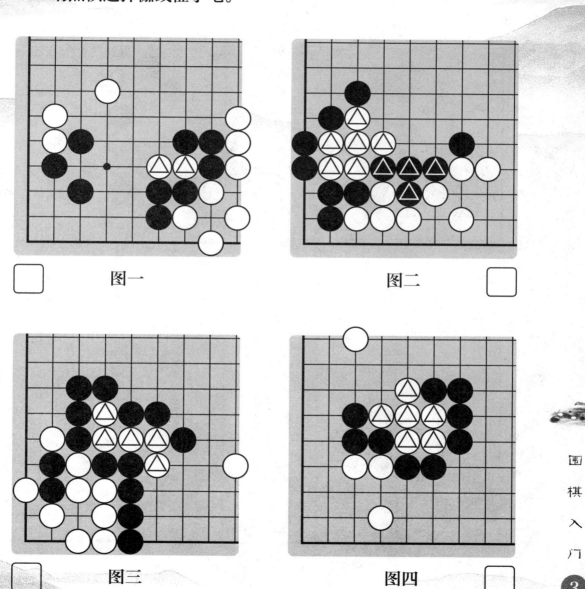

图一　　　图二

图三　　　图四

枷与征子

答案3

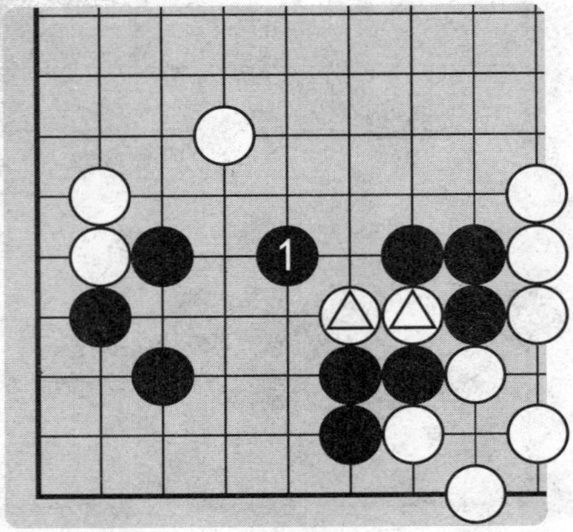

图一 枷

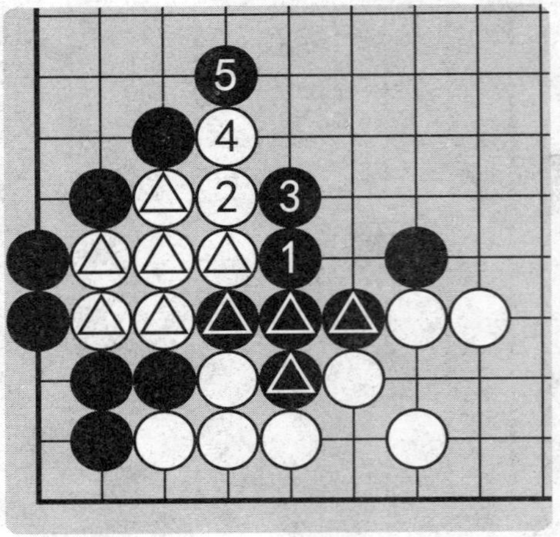

图二 征子

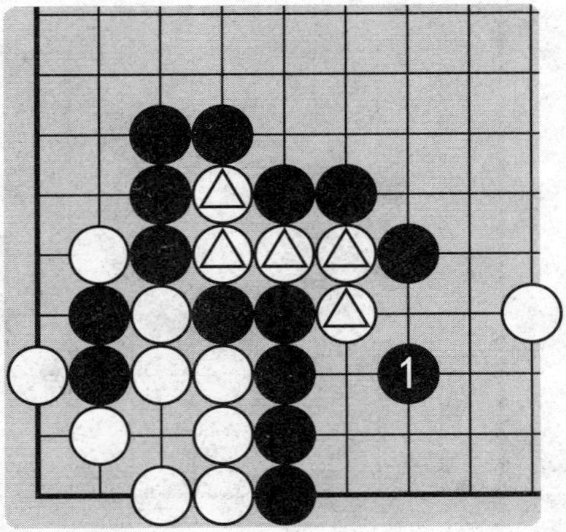

图三 枷

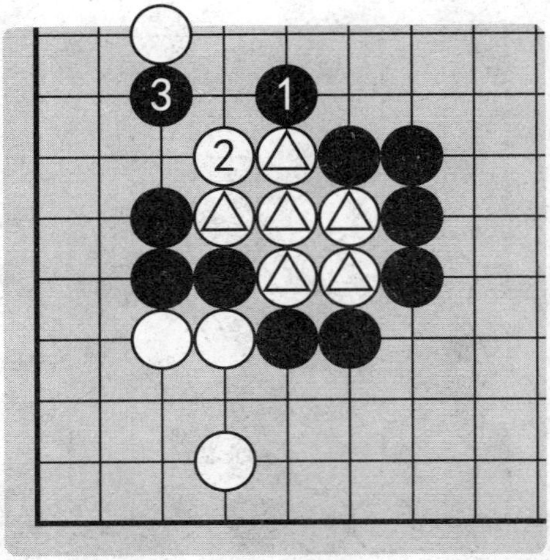

图四 枷

枷与征子

题 4
请黑棋选择枷或征子吃。

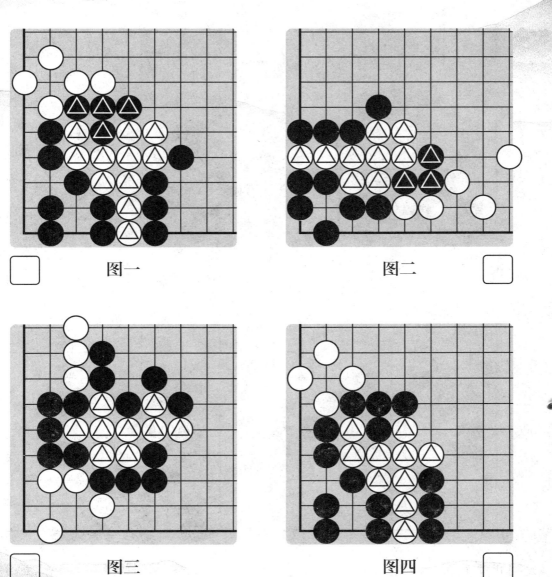

图一　　图二

图三　　图四

枷与征子

答案 4

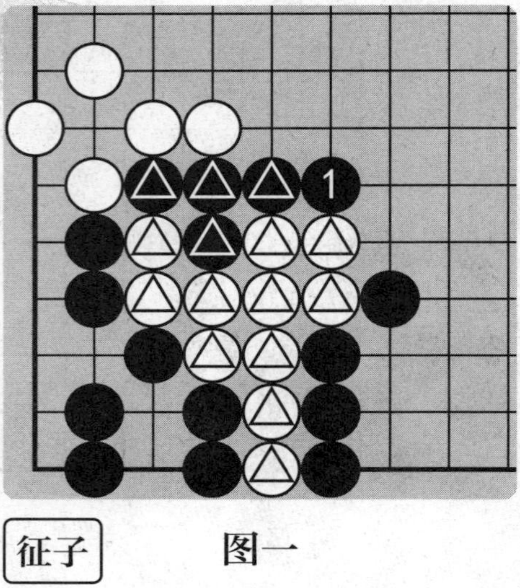

图一 征子

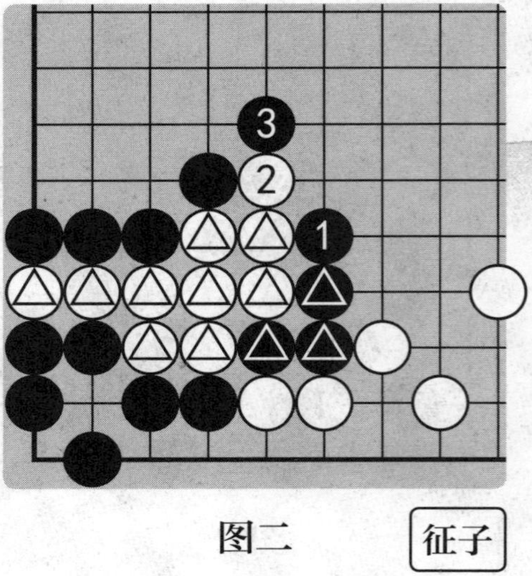

图二 征子

图三 征子

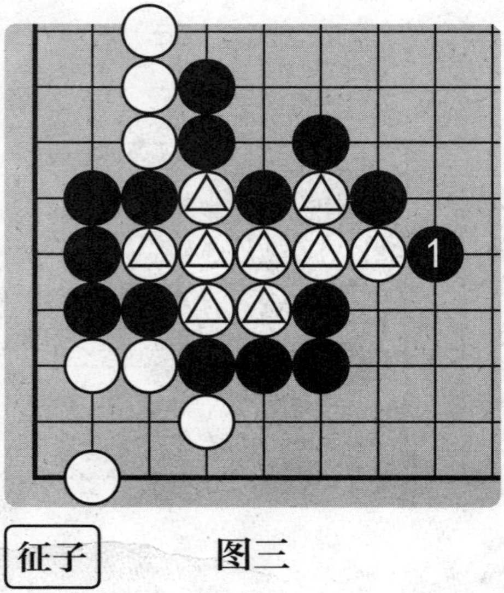

图四 枷

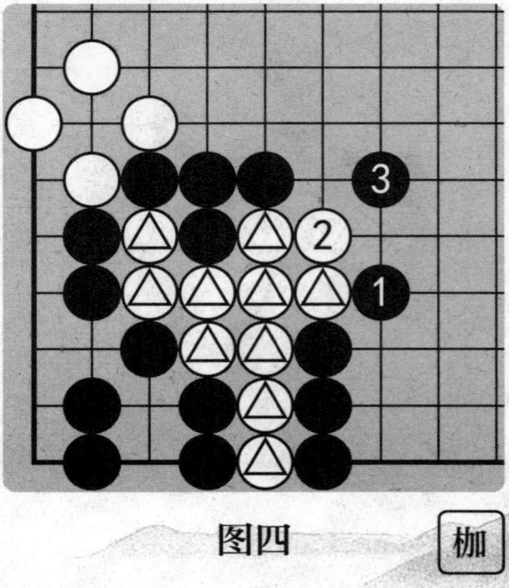

枷与征子

题 5
请黑棋选择枷或征子吃。

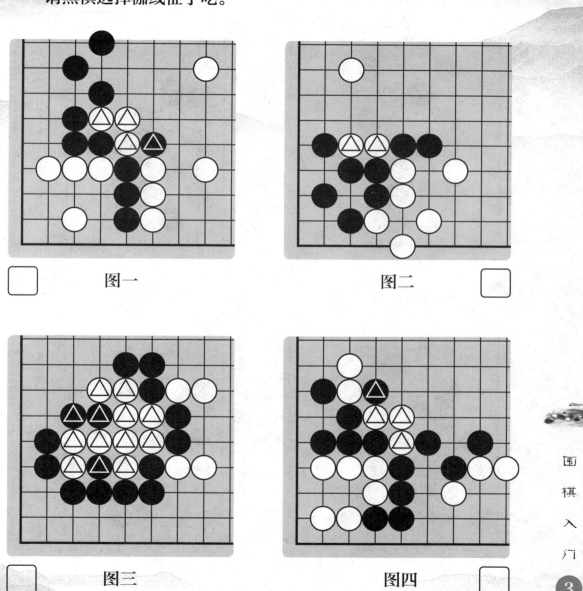

图一　　　图二

图三　　　图四

枷吃与征子

答案 5

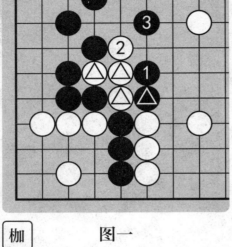

枷　图一

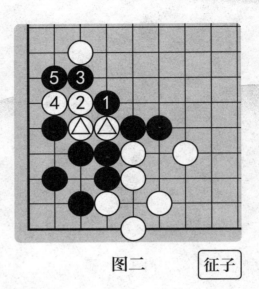

图二　征子

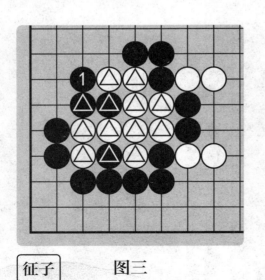

征子　图三

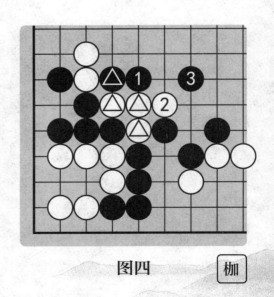

图四　枷

十一 扑与破眼杀棋

扑就是下在对方的断点上送吃
在杀棋时运用
是破眼的下法

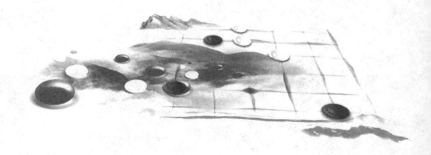

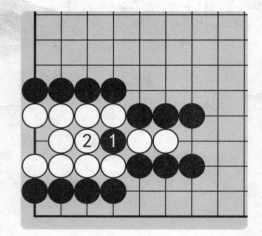

图一：黑❶扑，已破眼。

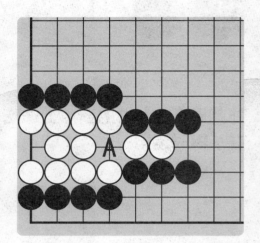

图二：接图一的变化白A位的眼已是假眼。

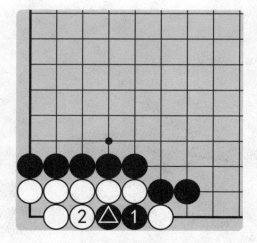

图三：黑△死子继续扑送吃是破眼的关键。

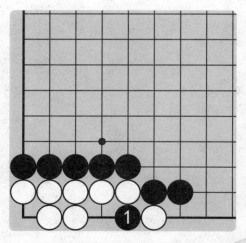

图四：上图白吃掉黑棋二子后的样子，黑❶继续扑破眼。

扑与破眼杀棋

题 1
请黑棋用扑的方法破眼。

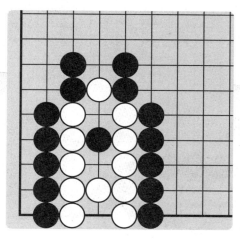

图一

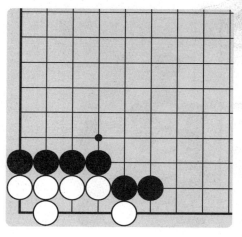

图二

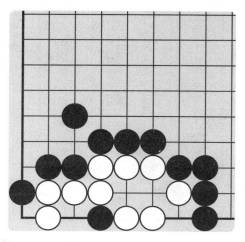

图三

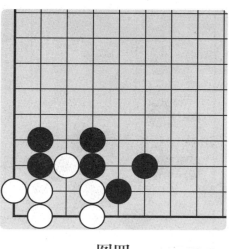

图四

扑与破眼杀棋

答案 1

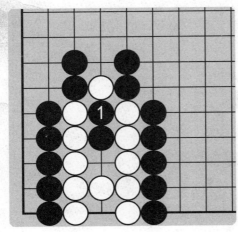

图一

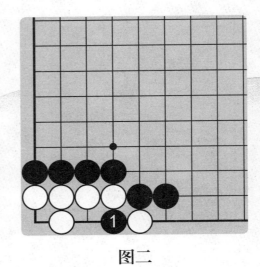

图二

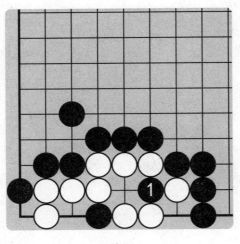

图三

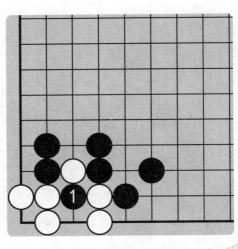

图四

扑与破眼杀棋

题 2
请黑棋用扑的方法破眼。

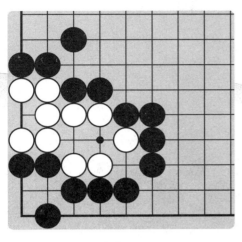

图一

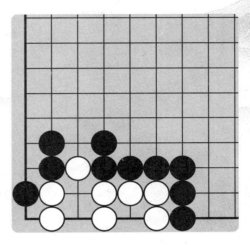

图二

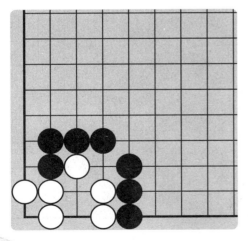

图三

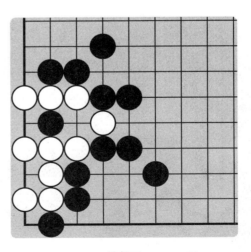

图四

扑与破眼杀棋
答案 2

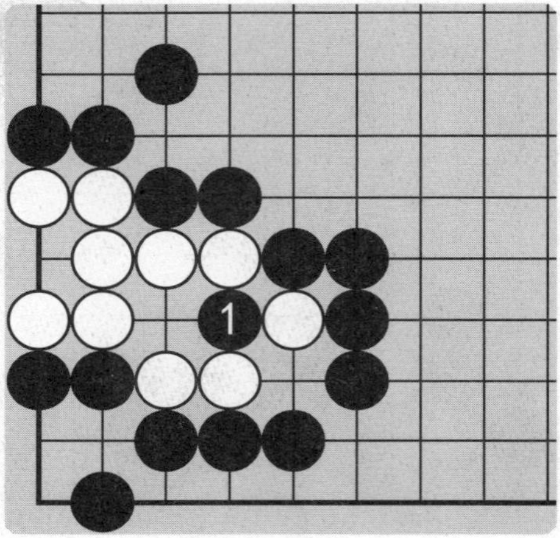

图一

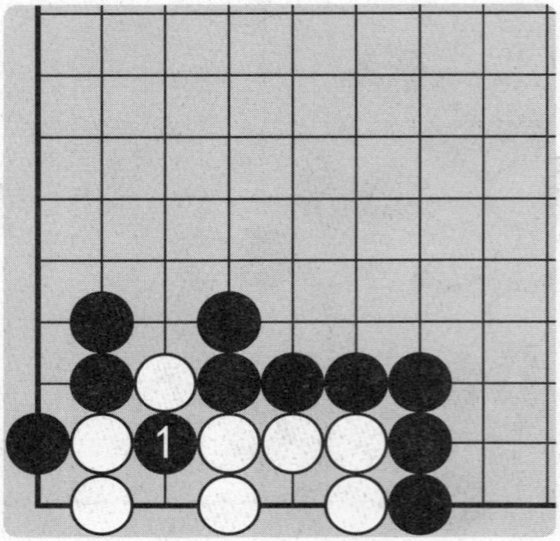

图二

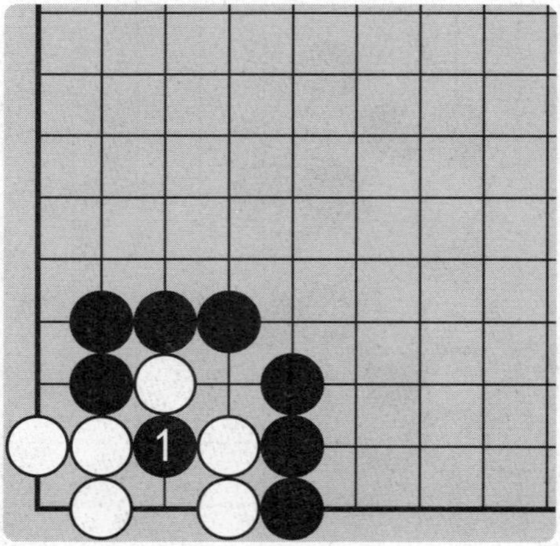

图三

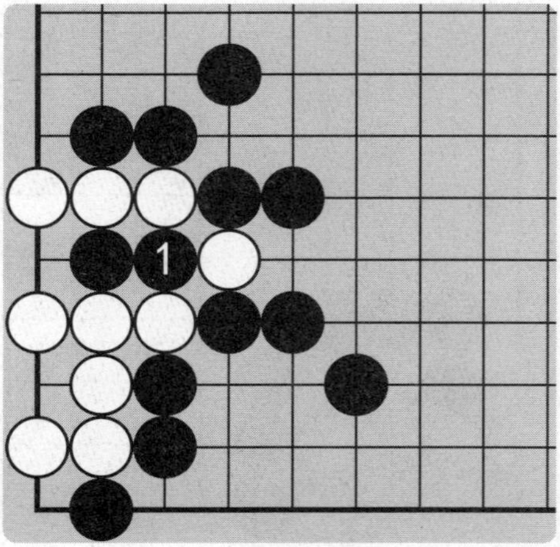

图四

扑与破眼杀棋

题 3
请黑棋用扑的方法破眼。

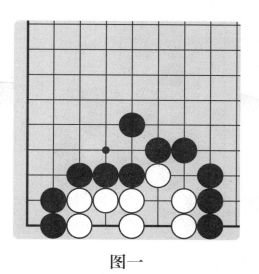

图一

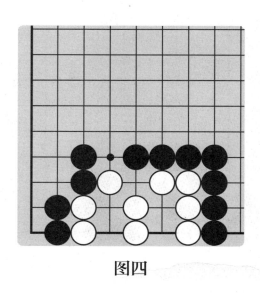

图二

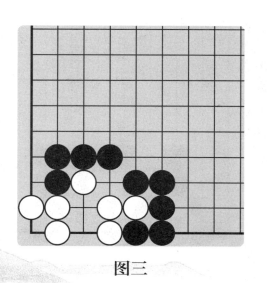

图三

图四

扑与破眼杀棋

答案 3

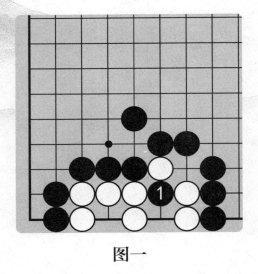

图一

图二

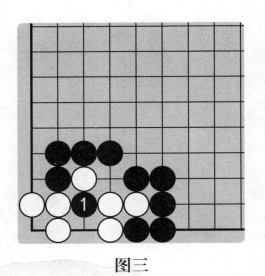

图三

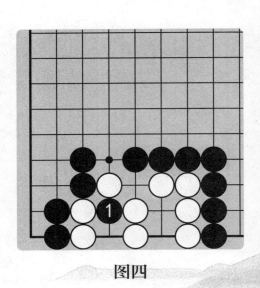

图四

扑与破眼杀棋

题 4
请黑棋用扑的方法破眼。

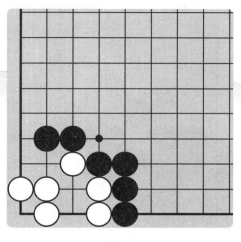

图一

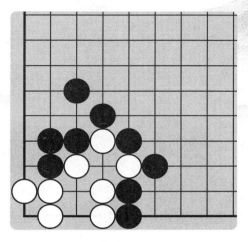

图二

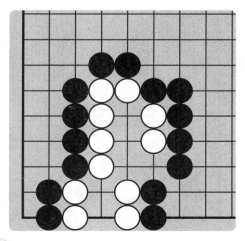

图三

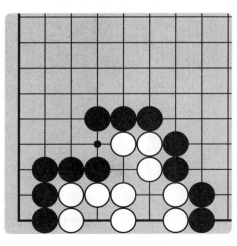

图四

扑与破眼杀棋
答案 4

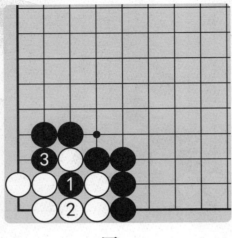

图一

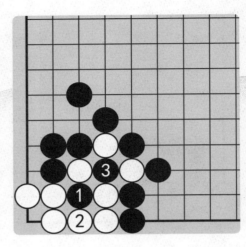

图二

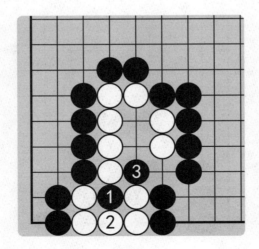

图三

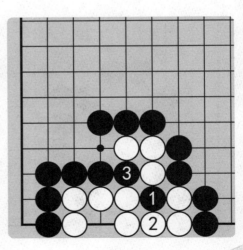

图四

扑与破眼杀棋

题 5
请黑棋用扑的方法破眼。

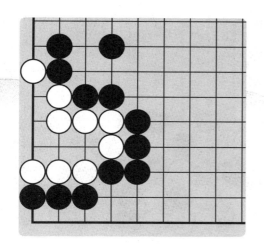

图一

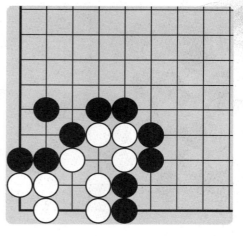

图二

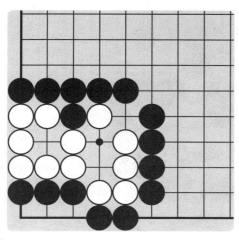

图三

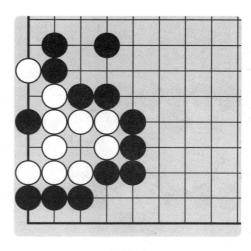

图四

扑与破眼杀棋

答案 5

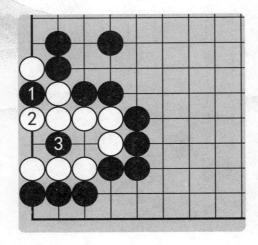

图一

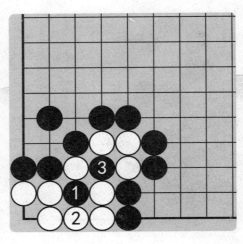

图二

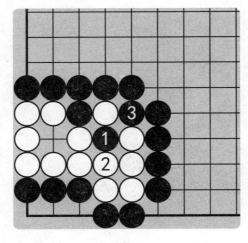

图三

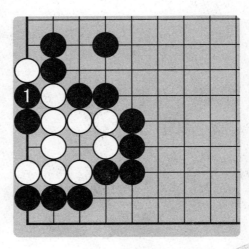

图四

十二 金鸡独立

有时在对杀比气时
在一路线上立
利用对方不入气逃跑
因此成功的手段

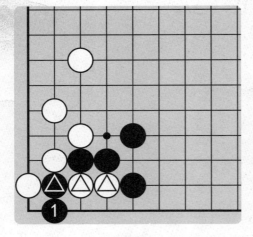

图一：黑❶立，就是金鸡独立。

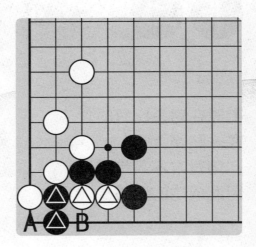

图二：因为白棋下在A或B点都是不入气，因此白△子被杀。

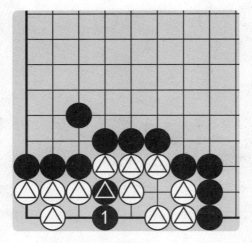

图三：黑❶立，是金鸡独立。

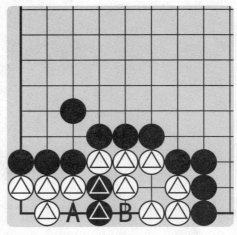

图四：因为白棋A或B点都不入气，因此成为双活。

金鸡独立

题 1
请黑棋用金鸡独立的方法。

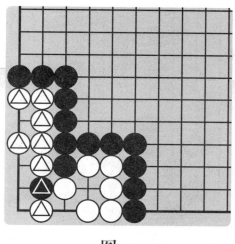

图一

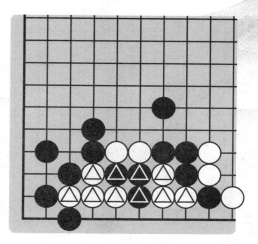

图二

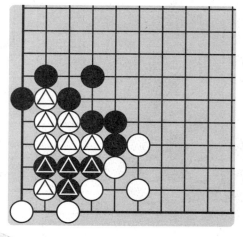

图三

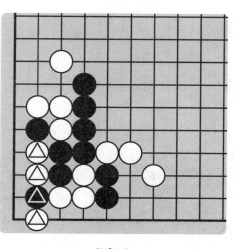

图四

金鸡独立

答案1

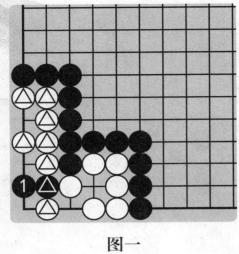

图一

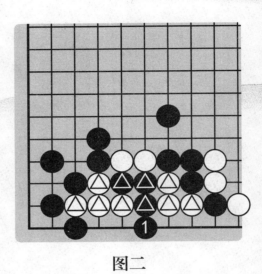

图二

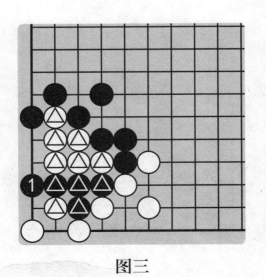

图三

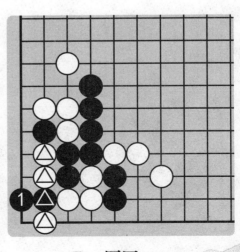

图四

金鸡独立

题 2
请黑棋用金鸡独立的方法。

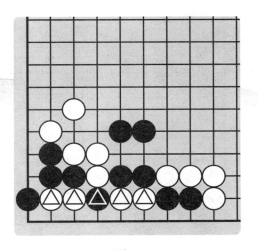

图一

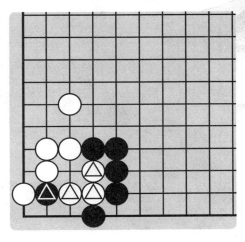

图二

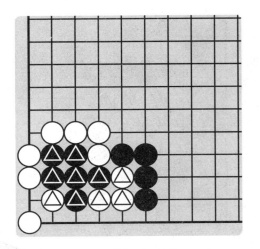

图三

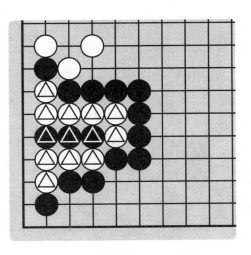

图四

金鸡独立
答案 2

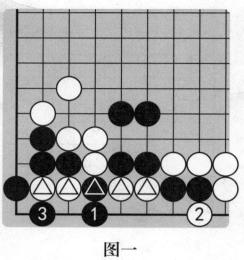

图一

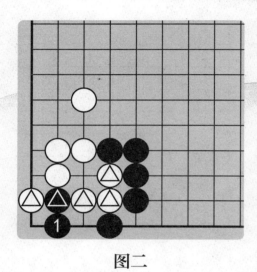

图二

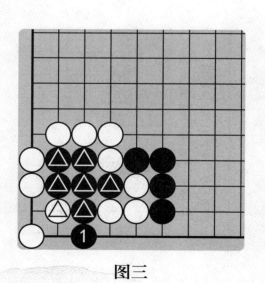

图三

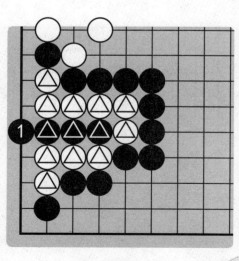

图四

金鸡独立

题 3
请黑棋用金鸡独立的方法。

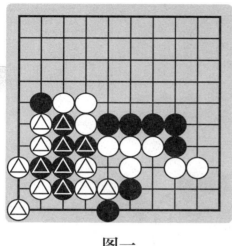

图一

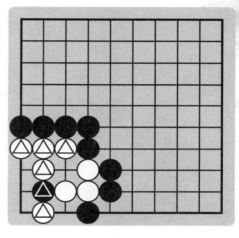

图二

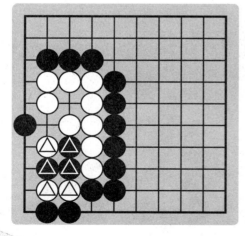

图三

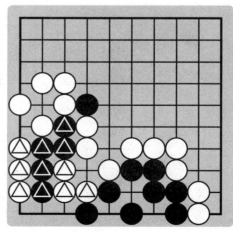

图四

金鸡独立
答案 3

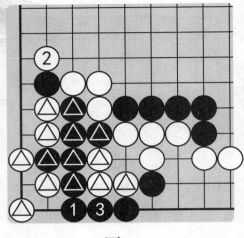

图一

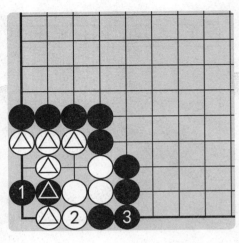

图二

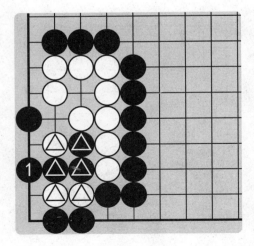

图三

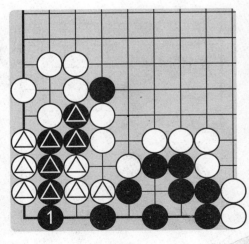

图四

金鸡独立

题 4
请黑棋用金鸡独立的方法。

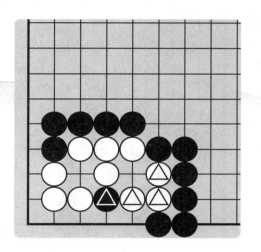

图一

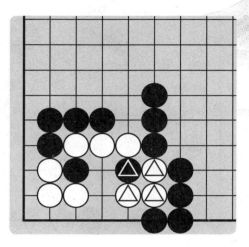

图二

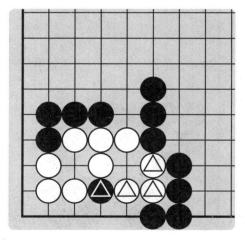

图三

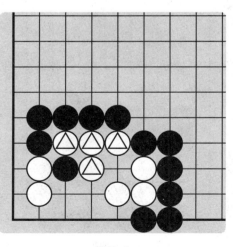

图四

金鸡独立

答案 4

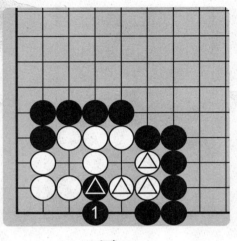

图一

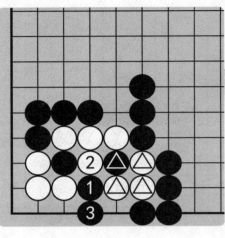

图二

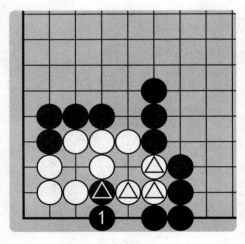

图三

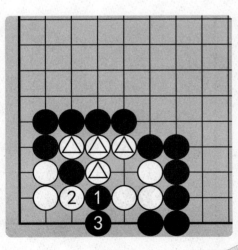

图四

金鸡独立

题 5
请黑棋用金鸡独立的方法。

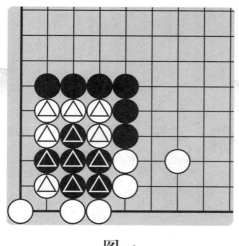

图一

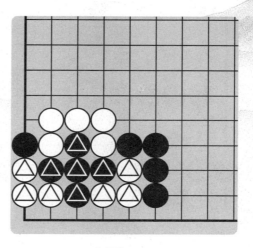

图二

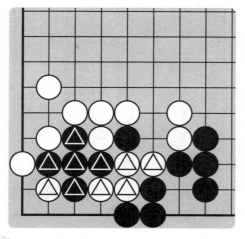

图三

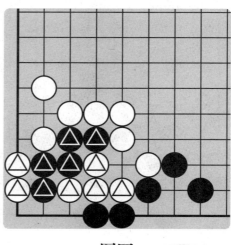

图四

金鸡独立

答案 5

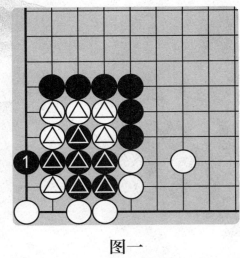

图一

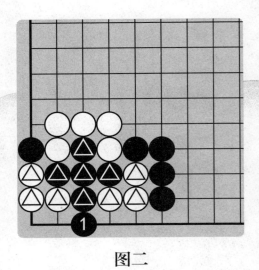

图二

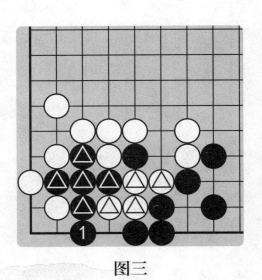

图三

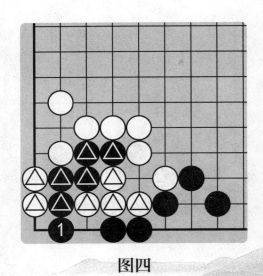

图四

十三 梅花四、梅花五、梅花六

都是死活的常形
自己下能补活
对方下会被杀
因为眼位空间状如梅花
由此得名

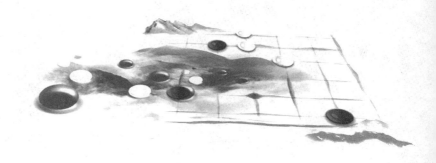

死活要点：对方的要点也是我方的要点。

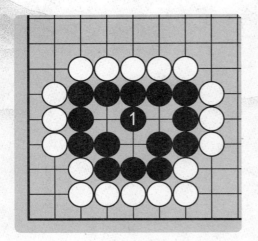

图一：做活要点，下在眼位的中间。

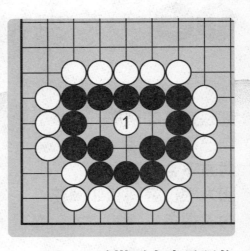

图二：杀棋要点也是眼位的中间。

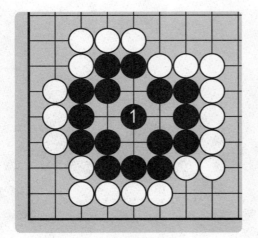

图三：梅花五活棋。

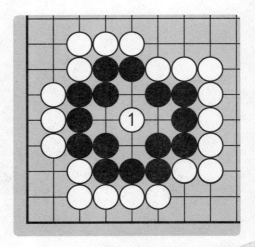

图四：梅花五点杀。

梅花六
由于眼位的空间大，
在后续紧气吃时，
请务必记住梅花四、梅花五是死棋，
而弯四是活棋。

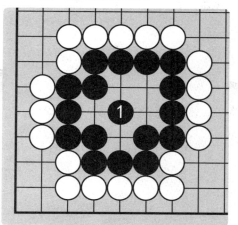

图一：梅花六做活

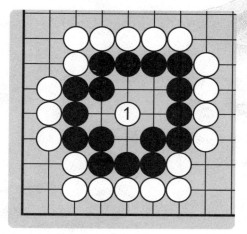

图二：梅花六点杀

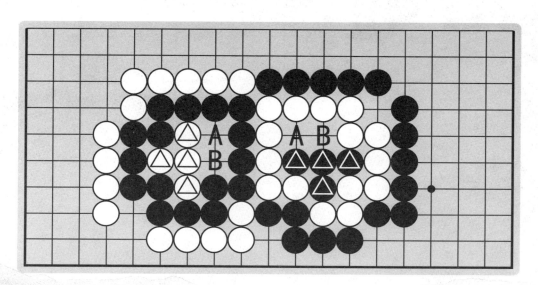

图三：黑白被包围的棋都是梅花六被杀，双方需要比气。下一步都不能下在 A 位被对方吃掉，因为那是活形，B 位是梅花五，所以对。

梅花四、梅花五、梅花六

题 1
请黑棋先下。

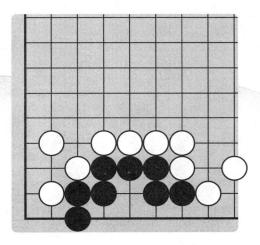

图一

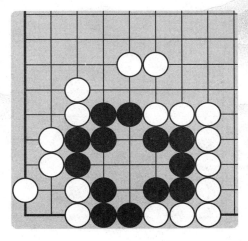

图二

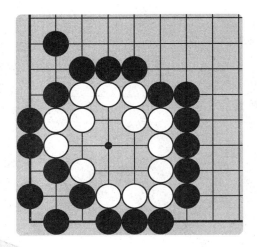

图三

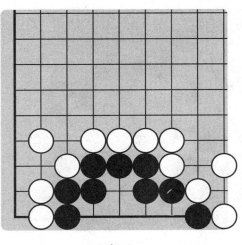

图四

梅花四、梅花五、梅花六
答案1

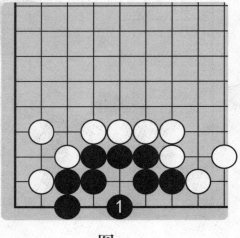

图一

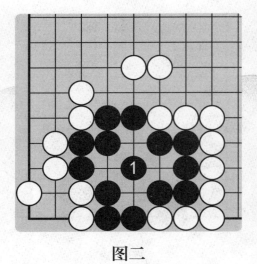

图二

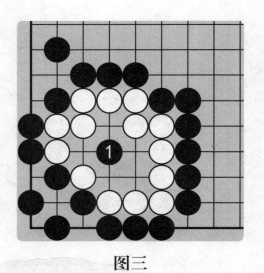

图三

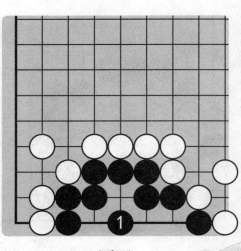

图四

梅花四、梅花五、梅花六

题 2
请黑棋先下。

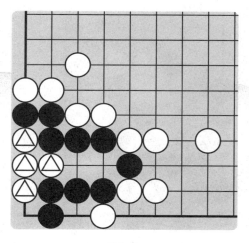

图一

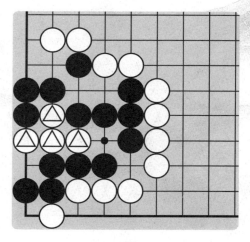

图二

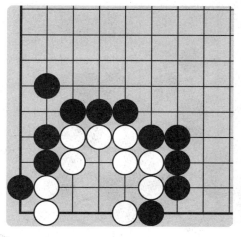

图三

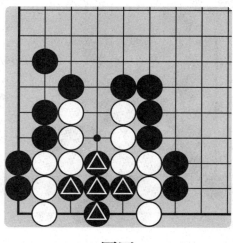

图四

梅花四、梅花五、梅花六
答案 2

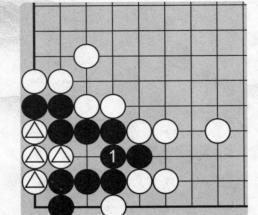

图一

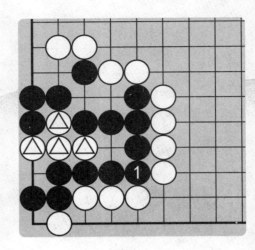

图二

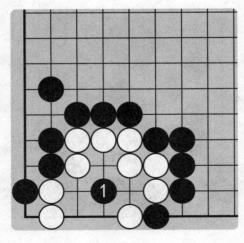

图三

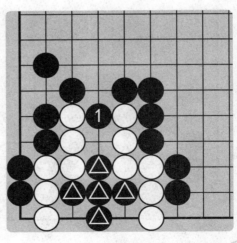

图四

梅花四、梅花五、梅花六

题 3

请判断，黑棋是活棋在□打√，是死棋在□打 ×。

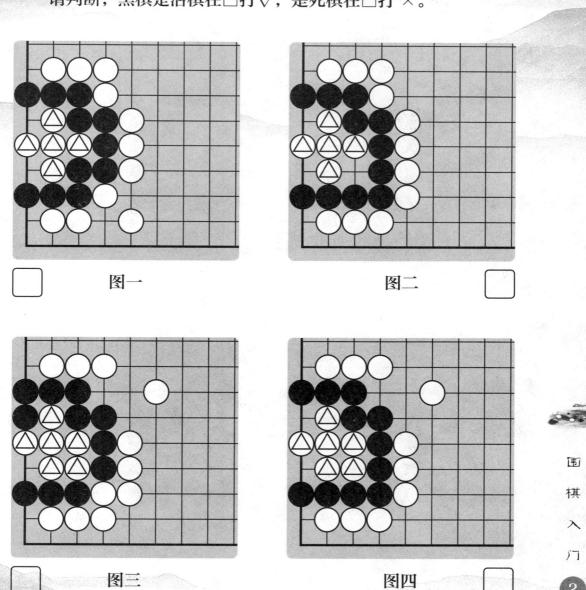

图一　　图二

图三　　图四

梅花四、梅花五、梅花六

答案3

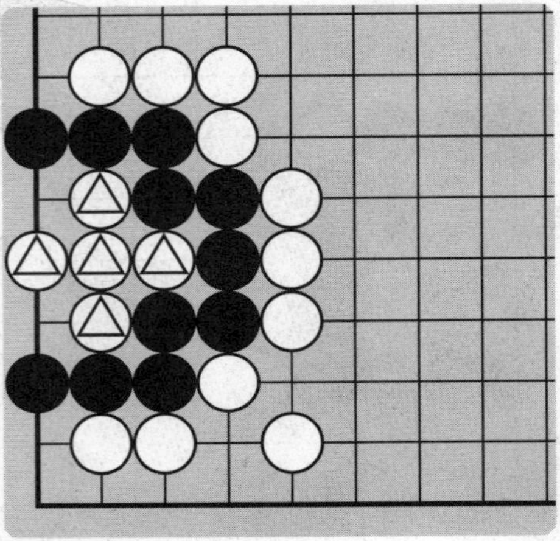

图一 ❌

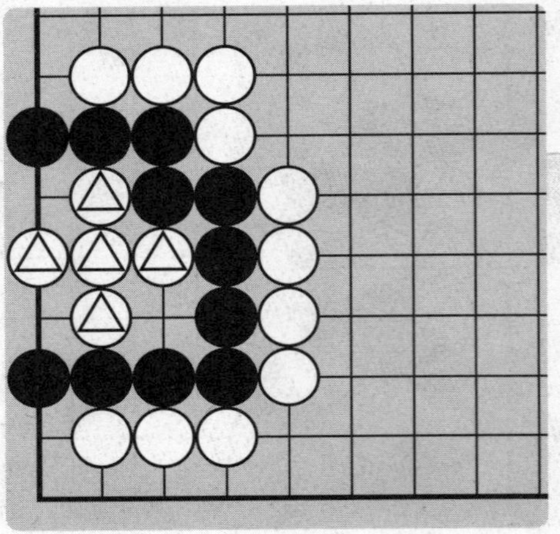

图二 ✓

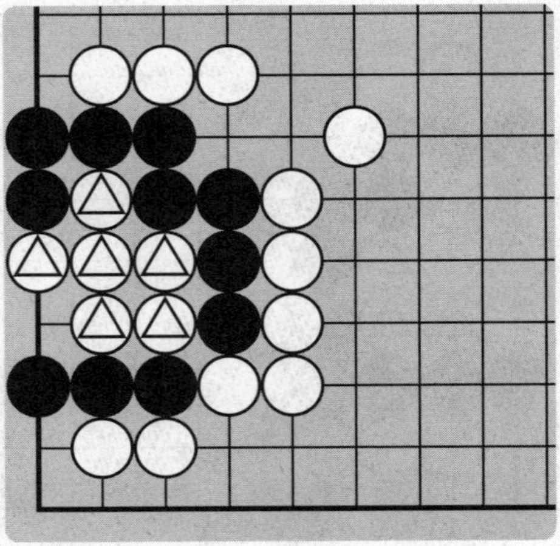

图三 ❌

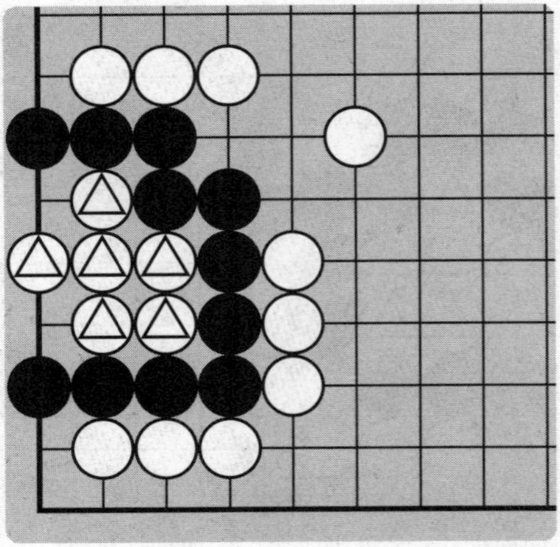

图四 ✓

梅花四、梅花五、梅花六

题 4
请黑棋先下。

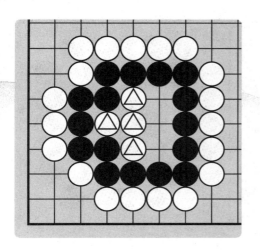

图一

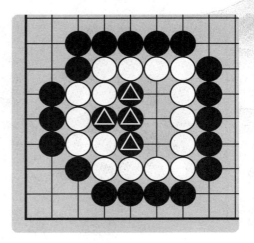

图二

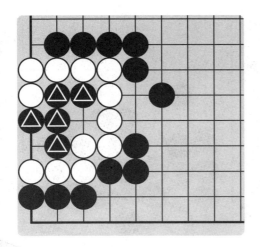

图三

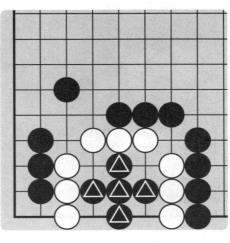

图四

梅花四、梅花五、梅花六
答案4

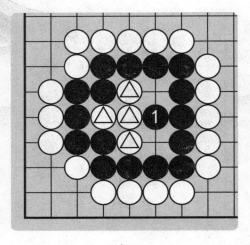

图一

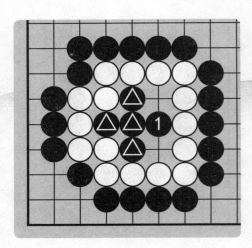

图二

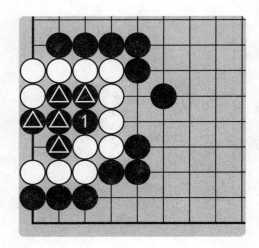

图三

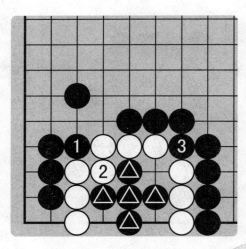

图四

梅花四、梅花五、梅花六

题 5

请黑棋先下。

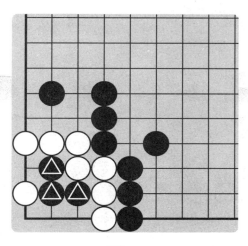

图一

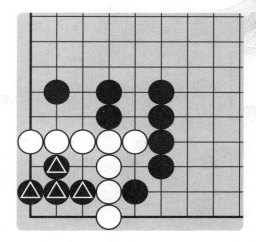

图二

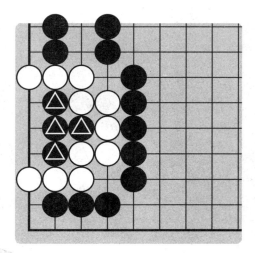

图三

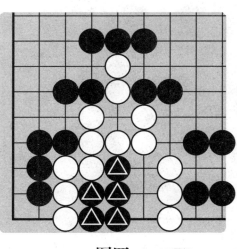

图四

梅花四、梅花五、梅花六
答案5

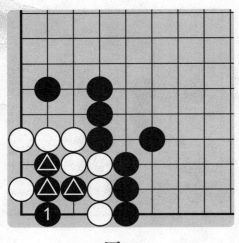

图一

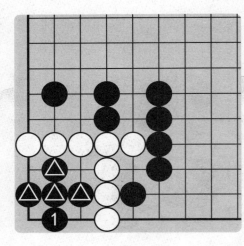

图二

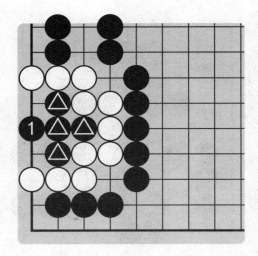

图三

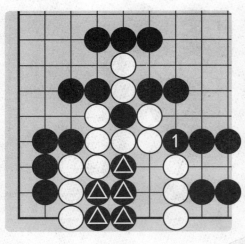

图四

死活常型
棋型如一把刀得名

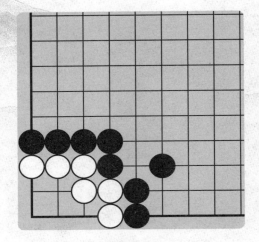

图一：刀把五。

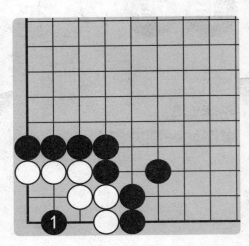

图二：黑❶点杀，下在眼位中间，白棋如果补活也下在眼位中间。

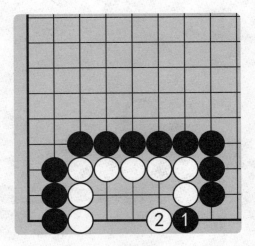

图三：缩小眼位，成刀把五。

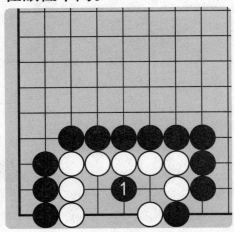

图四：黑❶点杀。

刀把五

题 1
请黑先杀白。

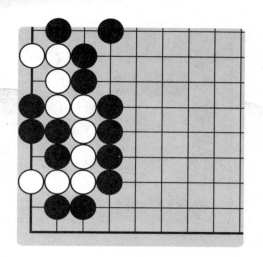

图一

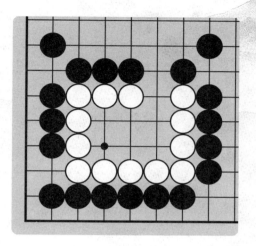

图二

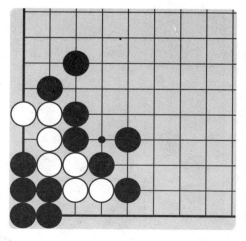

图三

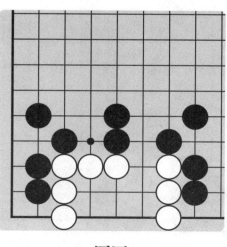

图四

刀把五

答案1

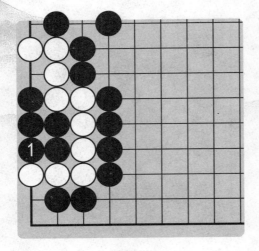

图一

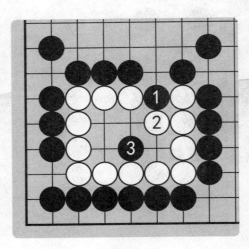

图二

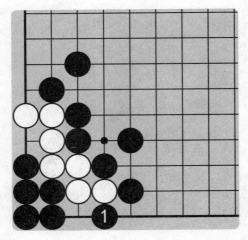

图三

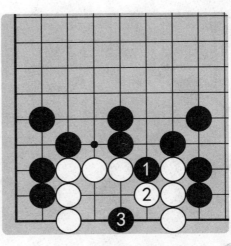

图四

刀把五

题 2
请黑先杀白。

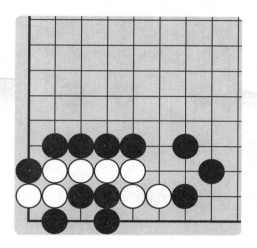

图一

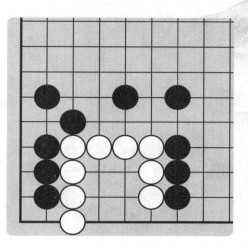

图二

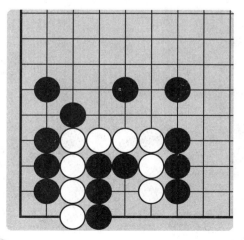

图三

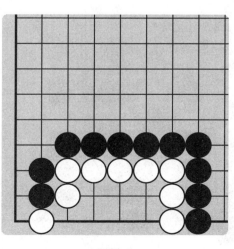

图四

刀把五

答案 2

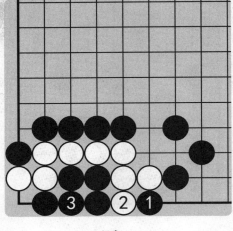

图一

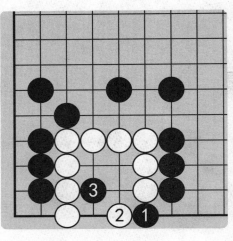

图二

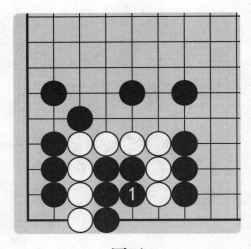

图三

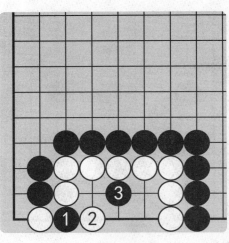

图四

刀把五

题 3
请黑先杀白。

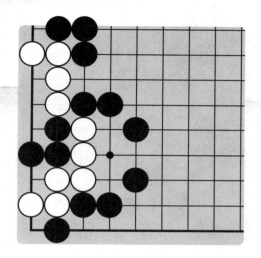

图一

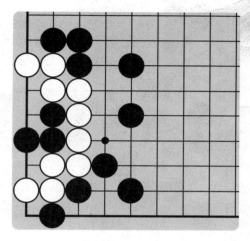

图二

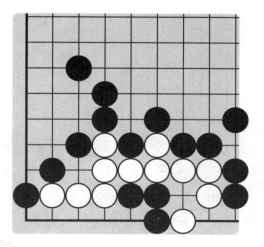

图三

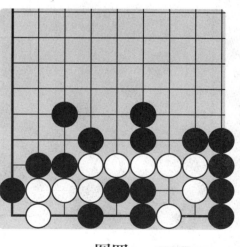

图四

刀把五

答案 3

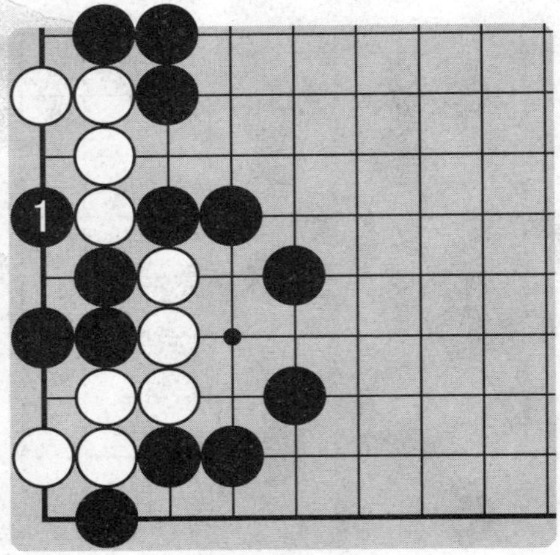

图一

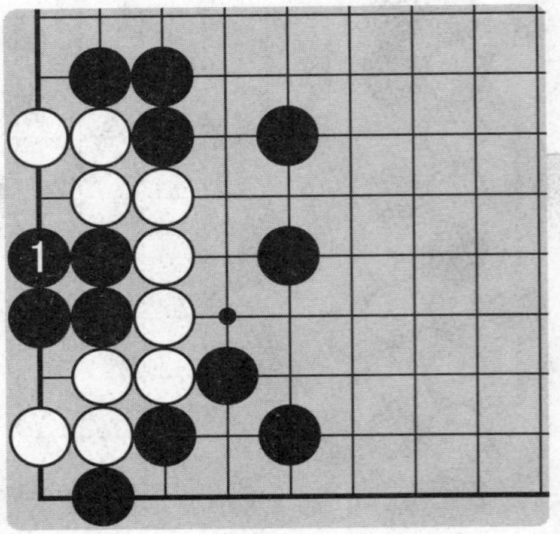

图二

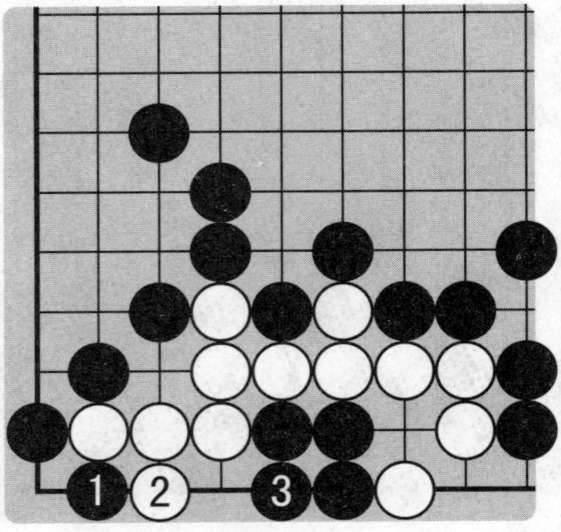

图三

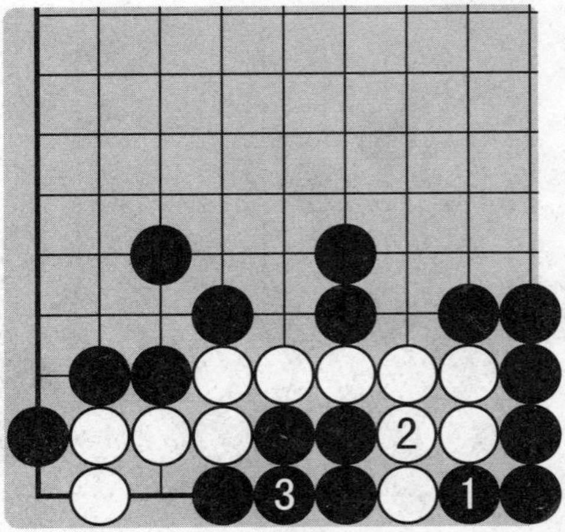

图四

刀把五

题 4
请黑先杀白。

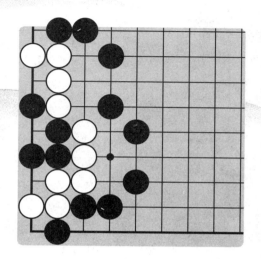

图一

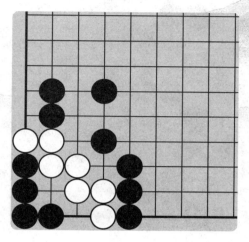

图二

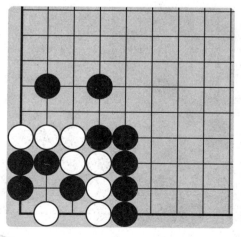

图三

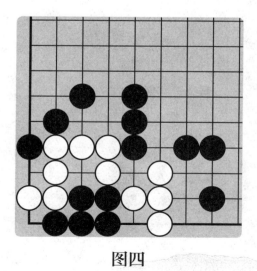

图四

刀把五

答案 4

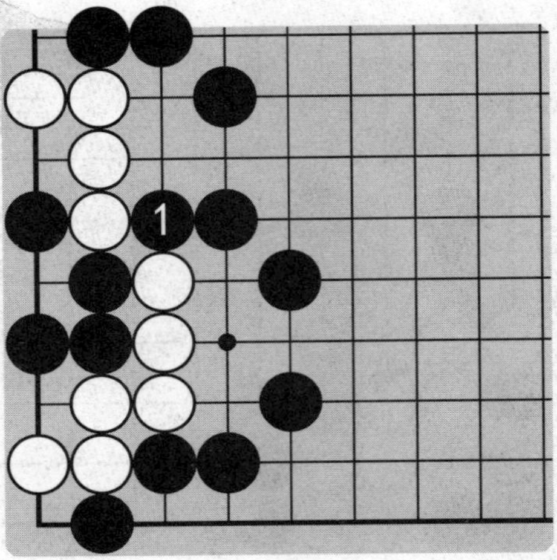

图一

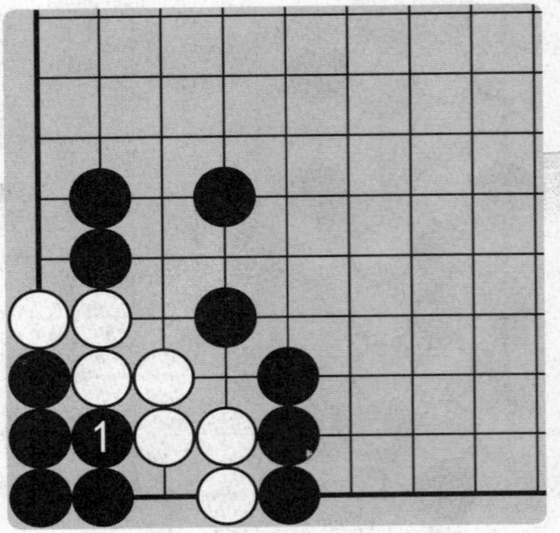

图二

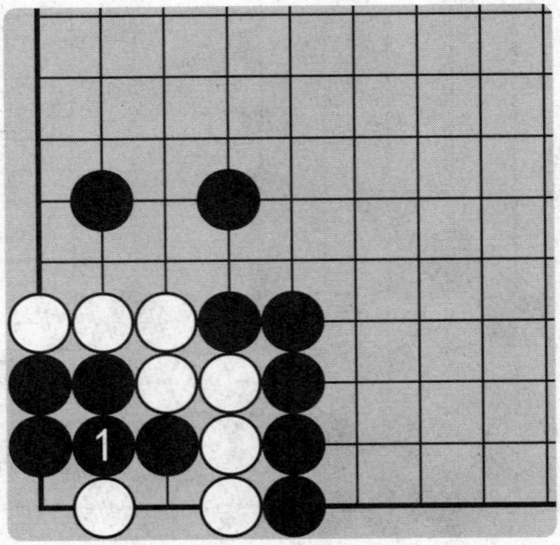

图三

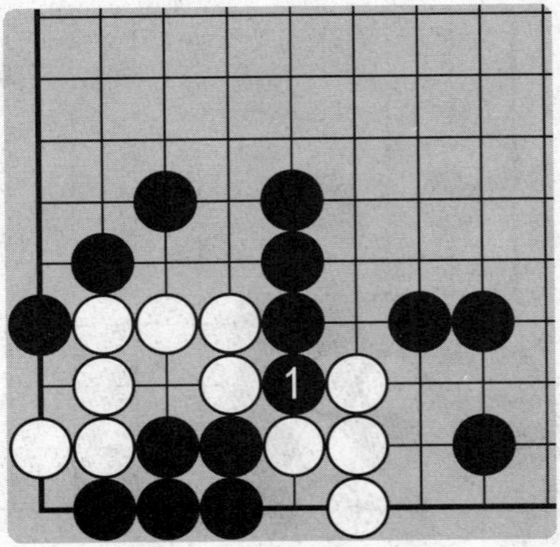

图四

刀把五

题 5
请黑先杀白。

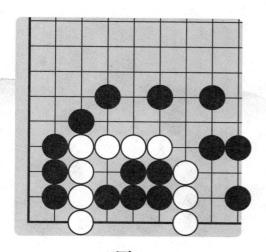

图一

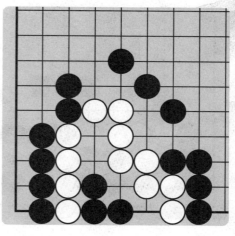

图二

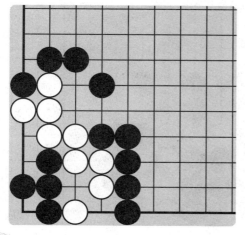

图三

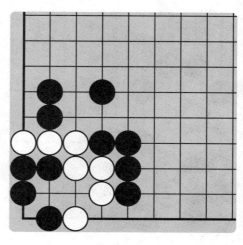

图四

刀把五

答案 5

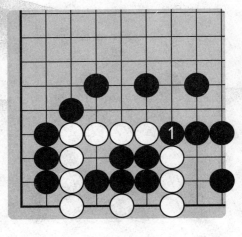

图一

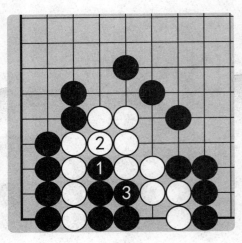

图二

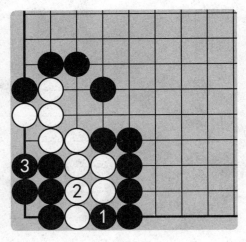

图三

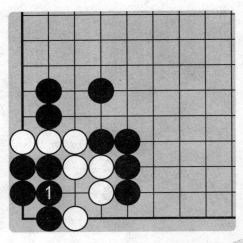

图四

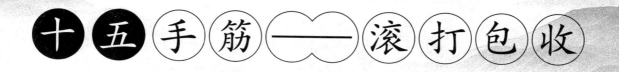

十五 手筋——滚打包收

不从正面迎战
而从外围迂回
包着气叫吃

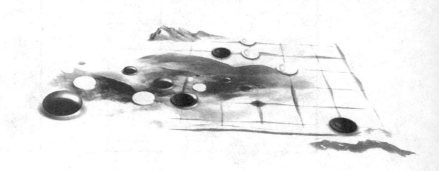

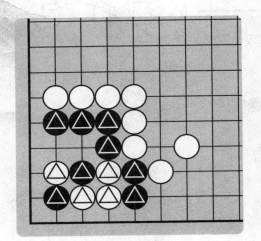

图一：黑△子和白△子是互为包围。

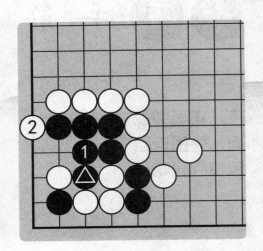

图二：此时黑△子被叫吃，如果黑❶粘接，白②，黑死。

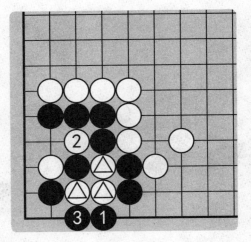

图三：白棋△三子是棋筋，如能吃掉黑棋几处皆通。黑❶、黑❸从外围包围气叫吃。

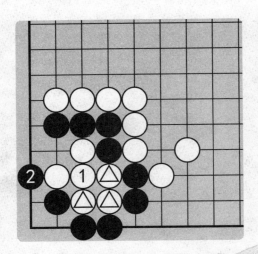

图四：接图三变化，白△子被叫吃，如果连接，黑❷继续包着气。

滚打包收

题 1
请黑棋用滚打包收的方法吃棋。

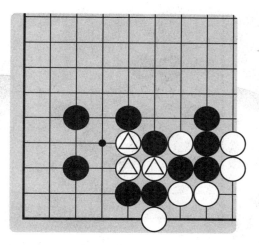

图一

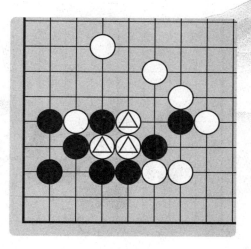

图二

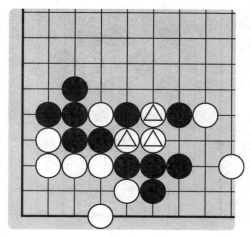

图三

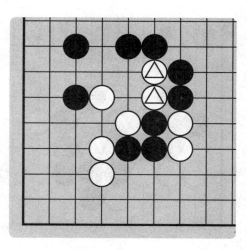

图四

滚打包收

答案1

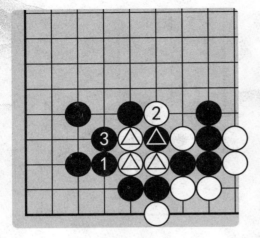

图一：4=△

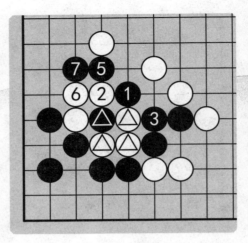

图二：4=△

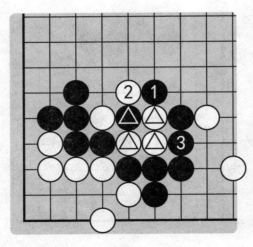

图三

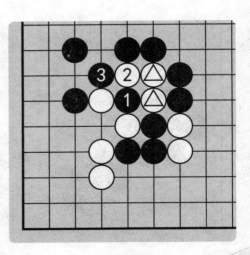

图四

滚打包收

题 2

请黑棋用滚打包收的方法吃棋。

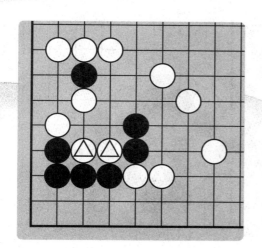

图一

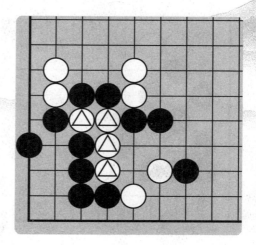

图二

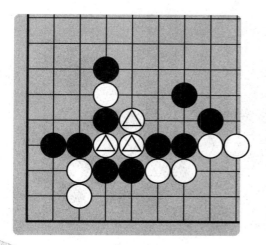

图三

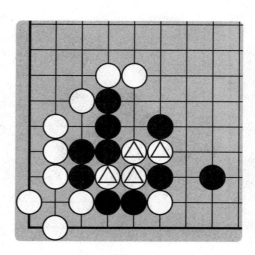

图四

滚打包收

答案 2

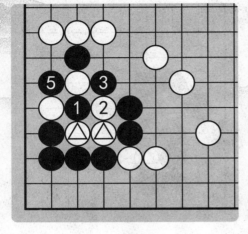

图一：4=❶

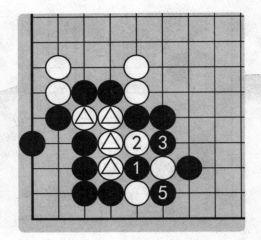

图二：4=❶

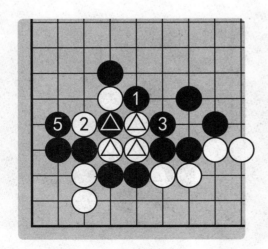

图三：4=△

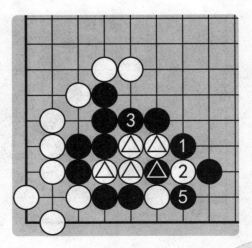

图四：4=△

滚打包收

题 3
请黑棋用滚打包收的方法吃棋。

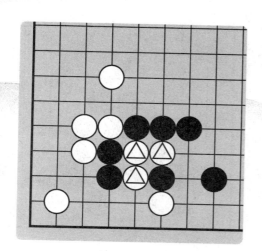

图一

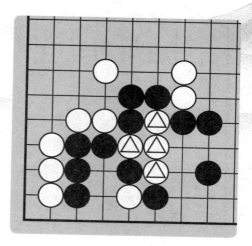

图二

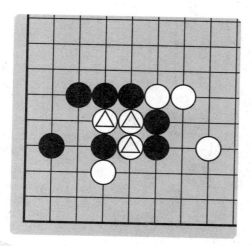

图三

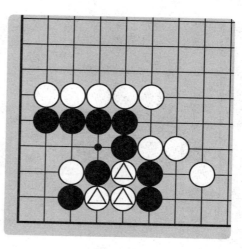

图四

滚打包收
答案3

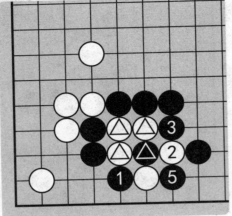

图一：4=△

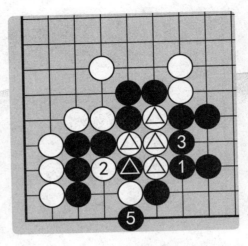

图二：4=△

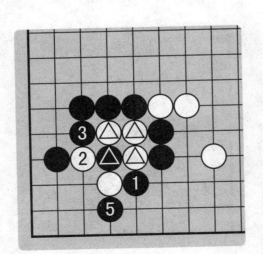

图三：4=△

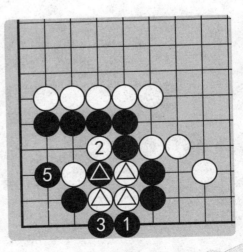

图四：4=△

滚打包收

题 4
请黑棋用滚打包收的方法吃棋。

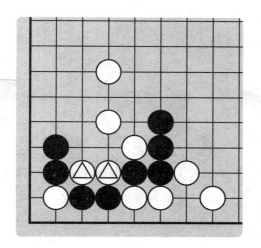

图一

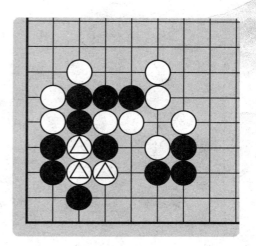

图二

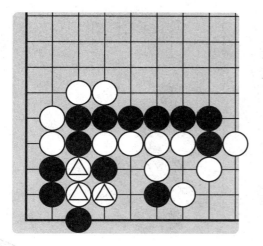

图三

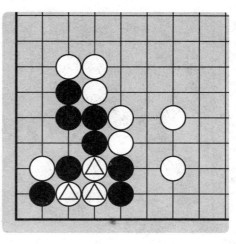

图四

滚打包收

答案4

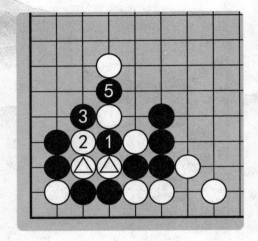

图一：4=❶

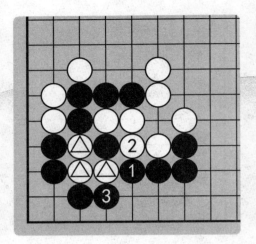

图二

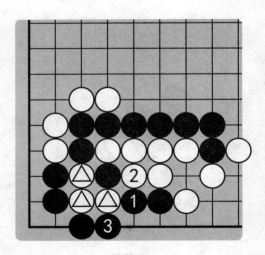

图三

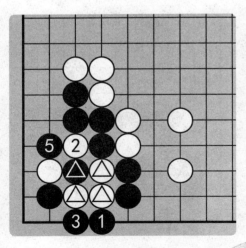

图四：4=△

滚打包收

题 5
请黑棋用滚打包收的方法吃棋。

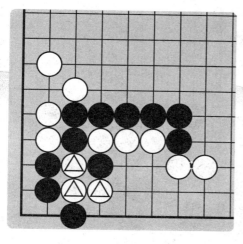

图一

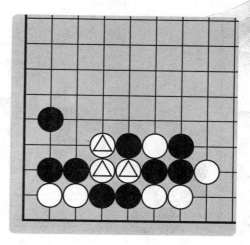

图二

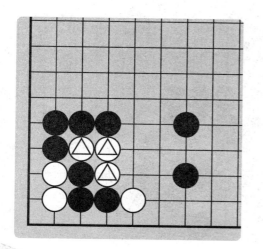

图三

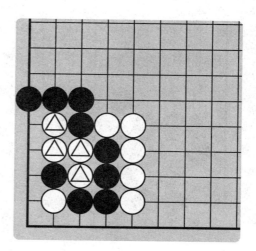

图四

滚打包收
答案 5

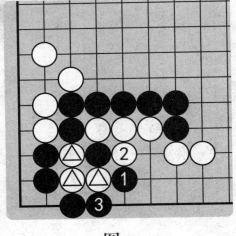

图一

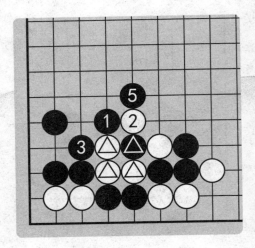

图二：4=△

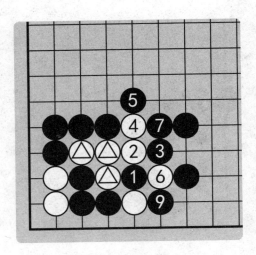

图三：8=●

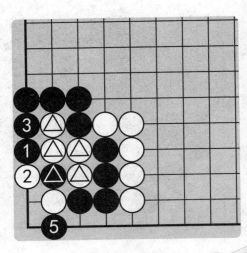

图四：4=△

十六 倒脱靴

眼位不够时
牺牲局部换眼位
比气气不够时
先弃后吃

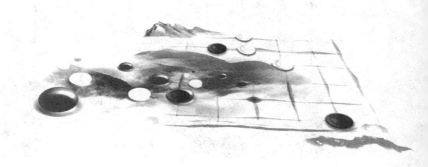

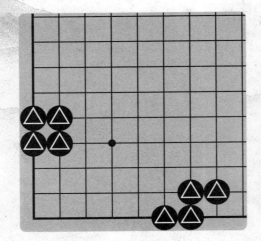

图一：倒脱靴只发生在一、二路线，这是两个基本形状。

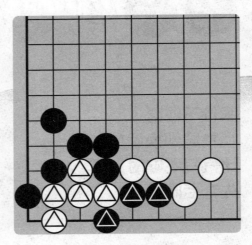

图二：黑白这几颗子需要比气对杀，黑△子2口气，白△子3口气，黑比气不行。

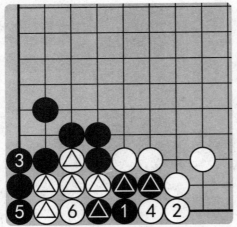

图三：黑❶下成倒脱靴型，至白⑥由于气不够依旧被白棋吃掉。

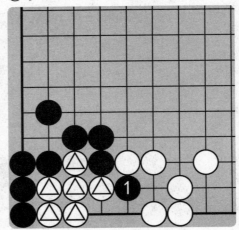

图四：经过图三的交换，现在黑棋下在❶位，可以吃白△子。

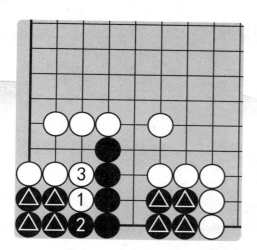

图一：在整块棋不活需要眼位时，黑❷接不行，整块棋死了。

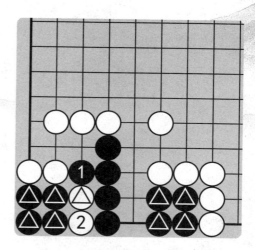

图二：黑❶反叫吃是做眼的好棋。

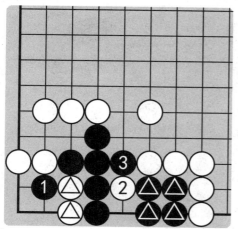

图三：接图二变化，黑❶反吃到白棋获得眼位。

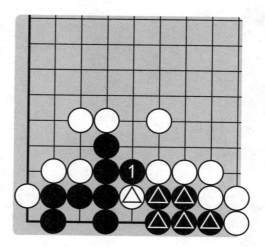

图四：大于基本型结果也一样。此型适合需要眼位时做"苦肉计"，官子时不行，因为地还是损失。

倒脱靴

题 1
请黑棋用倒脱靴的方法做活。

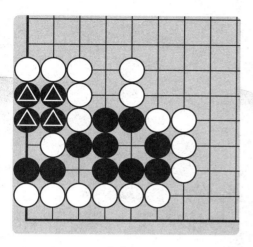

图一

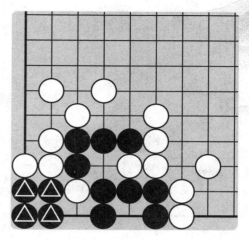

图二

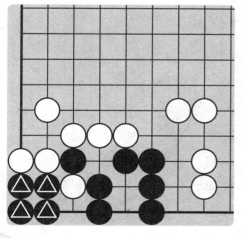

图三

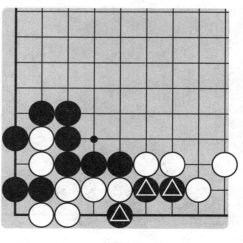

图四

倒脱靴
答案1

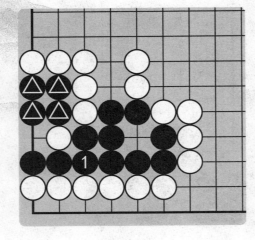

图一

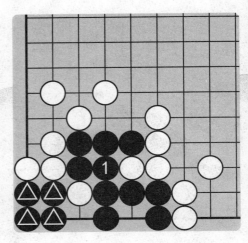

图二

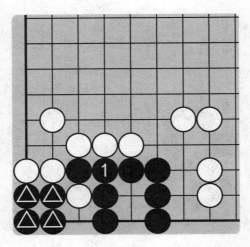

图三

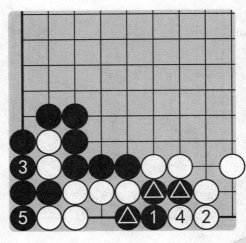

图四

倒脱靴

题 2
请黑棋用倒脱靴的方法做活。

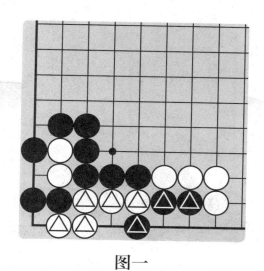

图一

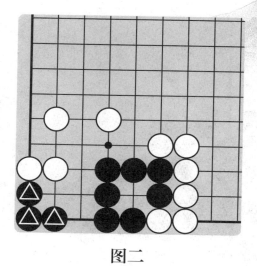

图二

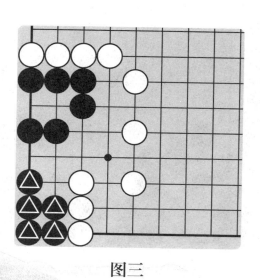

图三

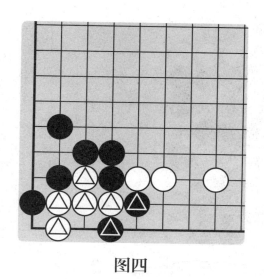

图四

倒脱靴

答案 2

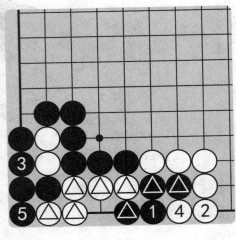

图一

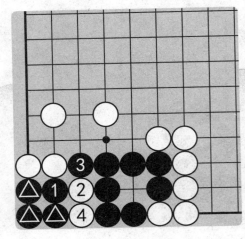

图二：5=❶

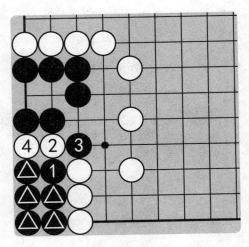

图三：5=❶

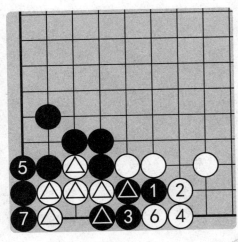

图四

倒脱靴

题 3
请黑棋用倒脱靴的方法做活。

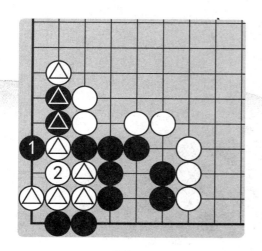

图一

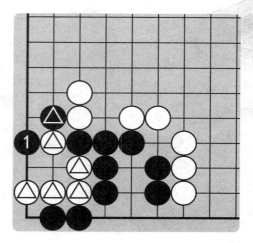

图二：解了图一就会得知图一的白②不正确，那该怎么应？

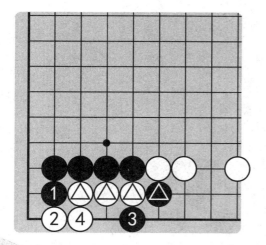

图三

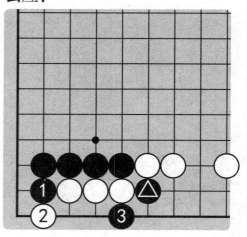

图四：解了图三就会得知图三的白④不正确，那该怎么应？

倒脱靴

答案 3

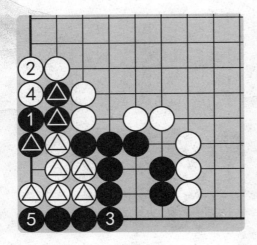

图一

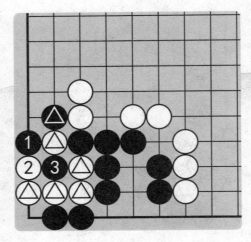

图二：如果白②在 3 位粘就会形成图一的结果，因此，白②打劫是正确的下法。

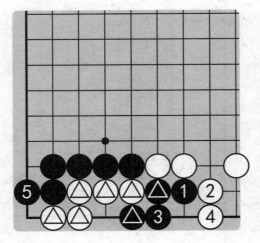

图三

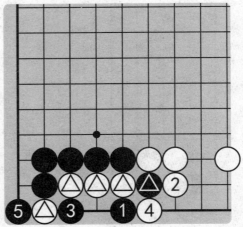

图四：黑❶是官子的妙手，如果白②在 3 位粘就会形成图三倒脱靴的结果。因此，白②正确。

十七 常用定式

定式是双方都认可的下法
布局阶段
边角的构架和定型

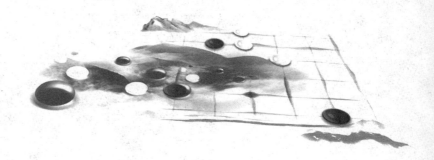

常用定式——星

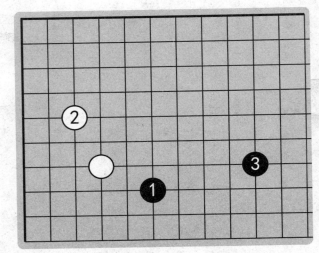

图一：黑❶小飞挂角，白②小飞，黑❸高拆三。

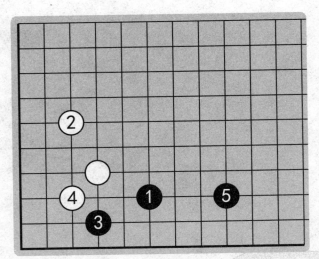

图二：黑❶小飞挂角，白②小飞，黑❸小飞，白④尖，黑❺拆二。

常用定式——星

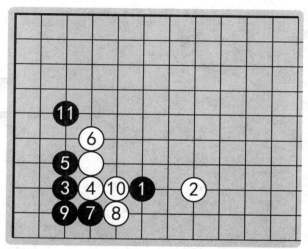

图三：黑❶小飞挂角，白②一间低夹，黑❸点三·3，白④挡，黑❺爬，白⑥长，黑❼扳，白⑧挡，黑❾粘，白⑩粘，黑⓫跳。

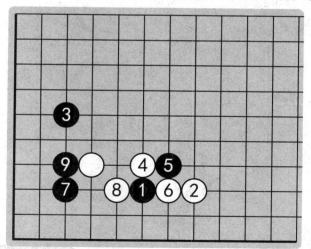

图四：黑❶小飞，白②一间低夹，黑❸双飞燕，白④压，黑❺扳，白⑥断，黑❼点三·3，白⑧叫吃，黑❾爬。

常用定式——星

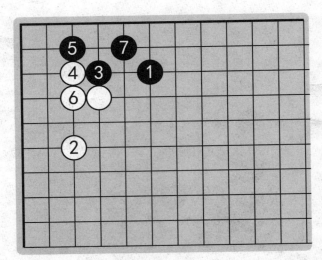

图五：黑❶小飞挂角，白②小飞，黑❸托，白④扳，黑❺扳，白⑥粘，黑❼虎。

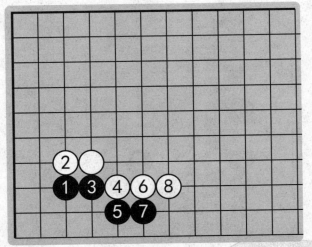

图六：黑❶点三·三，白②挡，黑❸爬，白④扳，黑❺扳，白⑥长，黑❼爬，白⑧长。

常用定式——小目

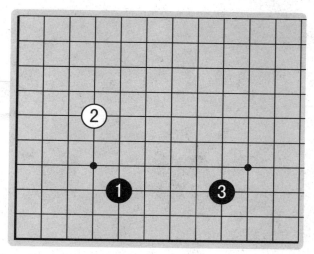

图一：黑❶小飞挂角，白②小飞，黑❸拆三。

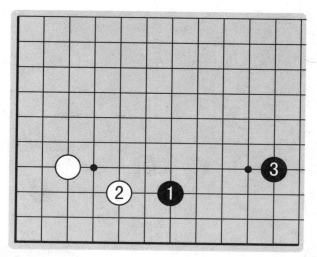

图二：黑❶大飞挂角，白②尖，黑❸拆三。

常用定式——小目

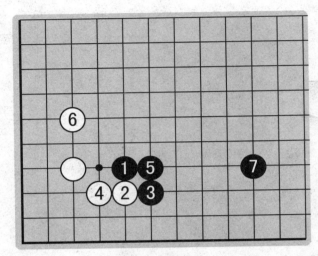

图三：黑❶高挂，白②托，黑❸扳，白④退，黑❺粘，白⑥跳，黑❼拆三。

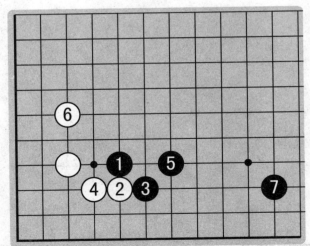

图四：黑❶高挂，白②托，黑❸扳，白④退，黑❺虎，白⑥跳，黑❼拆三。

常用定式——三.3

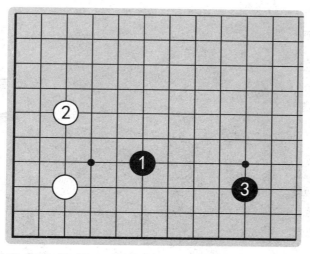

图一：黑❶大飞挂角，白②拆二，黑❸拆二。

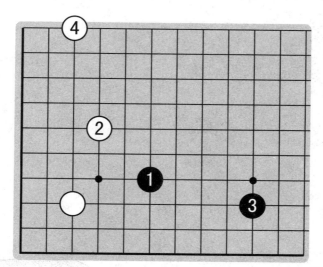

图二：黑❶大飞挂角，白②大飞，黑❸拆三，白④拆三。

常用定式——三.3

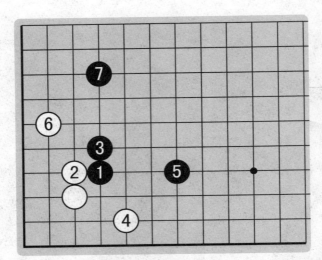

图三：黑❶尖冲，白②爬，黑❸长，白④小飞，黑❺大跳，白⑥小飞，黑❼大跳。

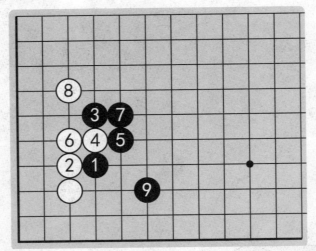

图四：黑❶尖冲，白②爬，黑❸跳，白④挖，黑❺叫吃，白⑥粘，黑❼粘，白⑧跳，黑❾小飞。